输电线路工程结算审核
方法与实务

中电联电力发展研究院有限公司　组编

CHINA ELECTRIC POWER PRESS

内 容 提 要

为了规范输电线路工程结算审核工作，适应各电力企业对工程造价咨询工作的要求，提升结算审核工作质量、工作效率和效益，依据电力行业和电网企业现行的标准、规范，结合电网企业输电线路工程技经管理特点和需求，中电联电力发展研究院有限公司组织编写了《输电线路工程结算审核方法与实务》一书。

本书包括结算费用构成及审核要素，结算审核依据、方法及流程，结算审核要点，工程结算案例分析，结算审核成果文件编制及质量等管理五章内容。为方便读者更好地把握行业标准与企业标准的差异，书后列出了输电线路工程工程量清单计算规范差异分析。

本书主要作为电网工程造价咨询人员使用的工具书，也可作为建设管理、设计、施工、监理、造价咨询、外部审计等单位造价管理的工作指南。

图书在版编目（CIP）数据

输电线路工程结算审核方法与实务 / 中电联电力发
展研究院有限公司组编. -- 北京：中国电力出版社，
2025. 7. -- ISBN 978-7-5239-0191-5

Ⅰ. F239.62

中国国家版本馆 CIP 数据核字第 2025VQ3390 号

出版发行：中国电力出版社
地　　址：北京市东城区北京站西街 19 号（邮政编码 100005）
网　　址：http://www.cepp.sgcc.com.cn
责任编辑：翟巧珍（806636769@qq.com）
责任校对：黄　蓓　马　宁
装帧设计：赵丽媛
责任印制：石　雷

印　　刷：三河市万龙印装有限公司
版　　次：2025 年 7 月第一版
印　　次：2025 年 7 月北京第一次印刷
开　　本：787 毫米×1092 毫米　16 开本
印　　张：11
字　　数：195 千字
印　　数：0001—1000 册
定　　价：55.00 元

工作委员会

主　　任　张天光

副 主 任　宋立军　李锡成　姚晓建

委　　员　李庆军　李　睿　何　波　王俊刚

　　　　　叶宝玉　张惠玲　郑清富　汪子兵

编写委员会

主　　编　王雷广　王华峰

副 主 编　宋红莉　李　彧　王昆仑

编写人员　刘景华　许田田　闫　微　杨　林

　　　　　华　伟　李明华　李　烨　李　周

　　　　　乔淑芳　韩　非　朱　彬　胡　宇

　　　　　赵亚芳　刘　岩　马　健　陈　璐

　　　　　郑　浩　邢秉元　王董禹　倪芷聪

　　　　　李子兰　陈　萧　李　景　张媛敏

　　　　　李艳飞　徐旖旎　刘　政　刘翠柳

　　　　　夏圆圆

前　　言

深入推进和全面实施"四个革命、一个合作"能源安全新战略，高质量完成"十四五"规划目标任务是全面助推中国式现代化建设的重要举措。近年来，随着沙戈荒大型新能源基地外送通道等一大批国家重大能源工程加速推进，能源绿色低碳转型持续深化，电力行业已进入以数智化为显著特征的新型电力系统新时代。面对电力系统高质量发展新形势新阶段，电网建设工程技经管理工作也面临着新的发展机遇和严峻挑战。在新形势新要求下，造价咨询从业者如何快速适应新业务新模式，全面推进和落实造价精益化管控要求，提升工作质效，实现建设项目全生命周期造价专业的动态精准管控，是当前亟待突破和解决的重要现实课题。

为统一输电线路工程计价规范体系，科学确定并有效控制，实现工程造价的精益化管理，中电联电力发展研究院有限公司基于国家法律法规、行业技术规程及国家电网有限公司等企业规章制度，全面总结电网技经管理实践经验，组织编写了《输电线路工程结算审核方法与实务》，旨在进一步落实造价管理及从业人员工作行为的规范化，全面推进电网工程造价管理工作标准化，不断提升输电线路工程结算审核的质量和效率，全力促进电网技经管理向标准化、体系化、规范化纵深推进。

《输电线路工程结算审核方法与实务》对精准造价管控、规范结算流程等具有一定的实用价值和指导意义，可供电网工程结算审核工作从业人员使用，也可作为建设管理、经研院（所）、设计、施工、监理、造价咨询、外部审计等单位造价管理工作的引用和参考。本书具有三个显著特征：一是突出业务实践应用的时代性特征。在新型电力系统构建的背景下，以输电线路工程结算审核实务为研究主线，遵循"科学计价、规范依据、标准流程、精准控制"的技术路线，从业务架构与质量管控等多维度系统解读结算审核的标准化流程与关键技术要素等，具有鲜明的时代特征。二是突出造价差异化比对特征。以电力行业清单计价规范体系技术差异比对为基础，识别比对差异、提出解决措施，为提升造价咨询人员正确应对工程问题提供了判别依据。三是突出实务案例借鉴特征。通过典型案例分析，详细解读措施与方法，为从业人员提供了更加直观、现实的参考。

在全面梳理与总结架空线路工程和陆上电缆输电线路工程结算"量、价、费"等审核要点的基础上，《输电线路工程结算审核方法与实务》系统阐释了输电线路工程结算审核作业的特点、要求、流程，以及成果文件的质量管理职责和深度要求等内容。在本书附录中，详细分析了输电线路工程（架空输电线路和陆上电缆输电线路）工程量清单计算规范（施工图设计深度）与国家电网有限公司企业标准的差异条款，还全面梳理了行业标准和企业标准中清单项目对应的定额子目，方便造价咨询人员对照查询使用。

本书在编制过程中得到了国家电网有限公司基建部、中国南方电网有限责任公司输配电部、内蒙古电力（集团）有限责任公司工程建设部及华北电力大学经济与管理学院的大力支持与帮助，在此一并表示衷心感谢！

因水平有限，书中难免存有疏漏之处，敬请各位读者批评指正。

2025 年 5 月

目　　录

前言

第一章　结算费用构成及审核要素 ···································· 1

　　第一节　结算费用构成 ··· 1

　　第二节　结算费用审核要素 ··· 3

第二章　结算审核依据、方法及流程 ································ 6

　　第一节　结算审核依据及资料 ······································· 6

　　第二节　结算审核方法 ·· 12

　　第三节　结算审核流程 ·· 14

第三章　结算审核要点 ·· 17

　　第一节　施工费用结算审核要点 ···································· 17

　　第二节　甲供物资费用结算审核要点 ································ 64

　　第三节　其他费用结算审核要点 ···································· 65

第四章　工程结算案例分析 ·· 70

　　第一节　架空输电线路工程分部分项清单费用案例分析 ·············· 70

　　第二节　陆上电缆线路工程分部分项清单费用案例分析 ·············· 86

　　第三节　合同允许调整费用案例分析 ································ 90

第五章　结算审核成果文件编制及质量等管理 ························101

　　第一节　成果文件编制 ·····································101

　　第二节　质量管理 ···104

　　第三节　档案、信息与保密管理 ···························106

附录　输电线路工程工程量清单计算规范差异分析 ············108

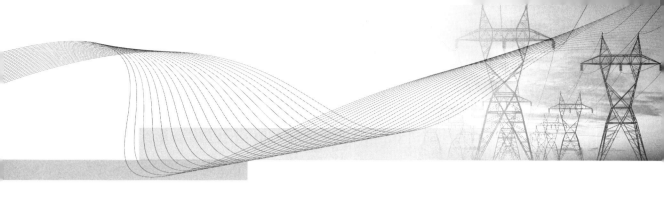

第一章　结算费用构成及审核要素

本章聚焦于工程量清单计价模式下输电线路工程全口径费用的核心构成与审核要素。首先系统拆解施工费用、甲供物资费用、其他费用及建设期贷款利息的具体内涵，明确各类费用的定义、组成要素及计算规则，为后续审核工作建立清晰的费用认知框架。在此基础上，围绕工程量、综合单价、变更与签证等审核内容，分析合规性、准确性、完整性等核心审核要素，保证结算审核成果质量。

第一节　结算费用构成

全口径竣工结算费用包括施工费用、招标人采购材料设备费用、其他费用和建设期贷款利息。

一、施工费用

施工费用是指施工合同承包范围内对应的各项工程费用，即由施工单位对构成建设项目的各类建筑物、构筑物，以及构成生产工艺系统的各类设备、管道、线缆等进行建设、组合、装配、调试，使之达到设计要求的功能指标所需要的费用及合同约定由施工单位负责的建设场地征用及清理费等。

施工费用包括清单计价和定额计价两种模式，本书主要讲述清单计价模式。根据《电力建设工程工程量清单计价规范》（DL/T 5745—2021）、《输变电工程工程量清单计价规范》（Q/GDW 11337—2023），施工费用主要包括分部分项工程项目清单费用和其他项目清单费用。分部分项工程项目清单采用全费用综合单价计价，其单价主要包括人工费、材料费（不含甲供材）、施工机具使用费、措施费、企业管理费、规费、利润、税金及合同约定的一定范围与幅度内的风险费用。其中安全文明施工费、临时设施费按规定费率计取,不得因市场竞争降低费用标准。

(1) 分部分项工程项目清单应按工程数量乘以相应全费用综合单价的方法计算费用。

1) 架空输电线路工程分部分项清单主要包括基础工程、杆塔工程、接地工程、架线工程、附件安装工程、辅助工程、措施项目。

2) 电缆输电线路建筑工程分部分项清单主要包括土石方工程、构筑物、辅助工程、措施项目;安装工程分部分项清单主要包括电缆桥、支架制作安装、电缆敷设、电缆附件、电缆防火及防护、调试及试验、电缆监测(控)系统、辅助工程、措施项目。

(2) 其他项目清单主要包含暂列金额、暂估价、计日工、施工总承包服务费等,按施工合同要求计算费用。

二、招标人采购材料设备费用

招标人采购材料设备费用(简称甲供物资费用)是在输电线路工程建设中,由招标人负责采购、供应并运输到施工现场的各类材料设备等物资所发生的费用。

甲供物资应按物资结算数量乘以相应采购单价的方法计算费用。输电线路工程甲供物资主要包括甲供装置性材料、甲供设备或设备性材料。

1. 甲供装置性材料

施工合同中约定招标人负责采购的装置性材料,包括但不限于塔材、线材、绝缘子、金具、防坠落装置、地脚螺栓、接地装置等。

2. 甲供设备或设备性材料

施工合同中约定招标人负责采购的设备或设备性材料,包括但不限于在线监测装置、电力电缆、电缆终端、电缆中间接头、避雷器等。

三、其他费用

其他费用是指除施工费用和甲供物资费用外,为工程建设服务的管理、技术、协调及外部条件保障等发生的费用,包括建设场地征用及清理费、项目建设管理费、项目建设技术服务费、生产准备费、专业爆破服务费等。

1. 建设场地征用及清理费

建设场地征用及清理费是指为获得工程建设所必需的场地,并使之达到施工所需的正常条件和环境而发生的有关费用,包括土地征用费、施工场地租用费、迁移补偿费、余物清理费、输电线路走廊清理费、输电线路跨越补偿费、通信设施防输电线路干扰措施费、水土保持补偿费等。

2. 项目建设管理费

项目建设管理费是指建设项目经有关政府行政主管部门核准后，自核准至竣工验收合格并移交生产的合理建设期内对工程进行组织、管理、协调、监督等工作所发生的费用。项目建设管理费包括项目法人管理费、招标费、工程监理费、设备材料监造费、施工过程造价咨询及竣工结算审核费、工程保险费。

3. 项目建设技术服务费

项目建设技术服务费是指委托具有相关资质的机构或企业为工程建设提供技术服务和技术支持所发生的费用，包括项目前期工作费、知识产权转让与研究试验费、勘察设计费、设计文件评审费、项目后评价费、工程建设检测费、电力工程技术经济标准编制费等。

4. 生产准备费

生产准备费是指为保证工程竣工验收合格后能够正常投产运行，提供技术保证和资源配备所发生的费用，包括管理车辆购置费、工器具及办公家具购置费、生产职工培训及提前进厂费。

5. 专业爆破服务费

专业爆破服务费是依据《中华人民共和国民用爆炸物品管理条例》的规定，使用民用爆炸物品时所发生的专业性服务费用，包括办理爆破审批、评估，爆破物品运输及管理，爆破安全措施及爆破安全监理等所发生的费用。

其他费用结算时可根据合同签订情况分为有合同费用和无合同费用，有合同费用依据合同约定计算费用，无合同费用依据相关文件、批复、会议纪要等资料计算费用。

四、建设期贷款利息

建设期贷款利息是项目法人筹措债务资金时，在建设期内发生并按照规定允许在投产后计入固定资产原值的利息。该项费用以工程决算为准。

第二节 结算费用审核要素

结算费用审核要素通常包括合规性、准确性、完整性、时效性等。其核心在于通过全面细致地审核，确保费用的合理、准确和合规，从而保障结算过程和结果的公正性、透明性。

一、工程量审核

1. 合规性

计算工程量时，必须严格遵守合同中明确规定的工程量计算标准或者规范，确保计算过程的合规性。

2. 准确性

工程量应依据设计图纸、工程量确认单等相关资料进行计算，要确保所计算的工程量与图纸上标注的尺寸、规格、数量等信息完全相符，工程量计量单位必须与招标清单计量单位一致，确保无多算、少算或重复计算的情况。

3. 完整性

应当确保所有合同约定的工作内容都已经被纳入结算的范畴，确保没有任何遗漏的项目。

二、综合单价审核

1. 合规性

应按合同约定的计价方式执行，且综合单价应与投标报价一致。

2. 准确性

（1）清单项目特征描述应与实际施工内容保持一致，避免因项目特征不符导致单价套用错误。

（2）综合单价中的投标人采购材料类别应与实际一致，如不一致，应根据合同约定调整综合单价。

三、材料价格审核

1. 合规性

新增材料或调整材料应按照合同约定方式计列，需具有合理的依据，如工程造价信息、市场询价记录、合同及发票等。

2. 时效性

新增材料或调整材料价格应按照合同约定的价格调整方法进行调整，应与工程施工期间的市场价格相符，要考虑价格波动因素。

四、变更与签证费用审核

1. 合规性

变更与签证的办理应符合合同约定及工程建设项目的相关规定和程序要求。例如，按照规定的流程进行申报、审批，无越级签证或未按规定时限办理等问题。变更、签证发生的原因应真实合理，并有明确的合同条款、技术规范做支撑，避免出现无依据或依据不充分的变更、签证。

2. 准确性

变更与签证费用应准确计算，包括工程量的计算、单价的确定、取费标准的执行等，应符合合同约定和相关规定。

3. 完整性

变更与签证内容应确保完整，包括工程名称、编号、日期、原因、工程内容、工程量、费用等，信息应填写完整且逻辑严谨，无遗漏重要信息。变更、签证附件资料应保证齐全，如施工图纸、变更通知、验收记录、影像资料等。

五、其他项目清单费用审核

1. 合规性

其他项目清单费用的结算方式应与合同约定保持一致，如固定总价等结算方式。

2. 完整性

其他项目清单费用的支撑资料应完整、齐全，且符合合同约定相关要求。

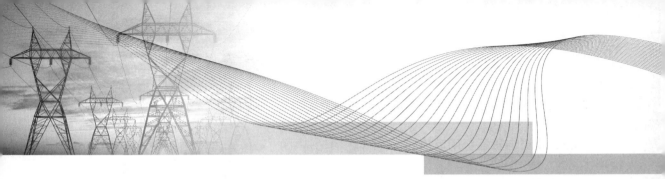

第二章 结算审核依据、方法及流程

本章聚焦于输电线路工程结算审核的核心支撑体系与操作框架，从审核工作的基础依据出发，解析结算审核所需的法律法规、行业标准、管理文件及工程资料等核心依据，明确各类资料在审核中的适用范围与操作要求，为审核工作建立权威、规范的基准体系。在此基础上，进一步阐述适用于电网建设工程特点的多种审核方法，分析不同方法的适用场景与优劣，为实际审核工作提供针对性的技术工具。最后，按照结算审核的逻辑顺序，详细梳理从准备阶段的范围确定与资料收集，到实施阶段的费用审核、沟通协调，再到交付阶段的报告编制与资料归档的全流程操作要点，形成环环相扣的标准化审核流程，确保审核工作各环节有序衔接、质量可控，为提升结算审核的专业性与规范性提供完整的方法论指引。

第一节 结算审核依据及资料

国家法律法规、行业企业标准规范、工程建设管理相关规定及完整的工程结算资料等，是结算审核工作开展的基础，能够确保审核结果的科学性、权威性及公正性。

一、法律法规文件

（一）法律法规文件作用

（1）提供基本准则和框架。法律法规中关于合同的规定，为工程结算审核中涉及的合同条款解释、权利义务界定提供了基本法律依据，确保审核工作在法律框架内进行。

（2）规范市场行为。《中华人民共和国招标投标法》规范了工程建设项目的招投标活动，保证工程结算审核所依据的合同签订、价款确定等环节合法合规，防止不正当竞争和欺诈行为对结算结果的影响。

（3）保障各方权益。法律法规明确了工程建设各参与方的权利和义务，当结算审核出现争议时，可依据相关法律条款进行裁决，保障各方合法权益。

（4）明确法律责任。对于工程结算审核中的违法违规行为，起到了威慑作用，促使各方严格遵守法律法规，保证审核工作的真实性和合法性。

（二）法律法规文件构成

（1）《中华人民共和国建筑法》❶：规范建筑活动、保障建筑工程质量和安全的基本法律，主要内容包括建筑许可制度、建筑工程发包与承包、建筑工程监理、建筑安全生产管理、建筑工程质量管理等。

（2）《中华人民共和国招标投标法》❷：规范招标投标活动、维护公平竞争秩序的重要法律，主要内容包括招标范围、招标程序、投标规则、开标评标和中标等。

（3）《关于完善建设工程价款结算有关办法的通知》（财建〔2022〕183 号）：规范建设工程价款计算的重要法规。明确了工程价款的构成，包括合同价款、追加合同价款和其他款项，并规定了多种定价方式。

（4）《建设工程造价咨询规范》（GB/T 51095—2015）：为工程造价咨询服务提供通用规范，涵盖咨询业务各阶段工作内容和成果文件要求。

（5）《建设工程工程量清单计价规范》（GB/T 50500—2024）：建设工程计价的重要规范，明确工程量清单编制、计价等规则。

二、行业、企业标准规范

（一）行业、企业标准规范作用

（1）统一计量计价规则：清单计价规范统一了工程量计算规则和计价方法，使工程结算审核有了明确、统一的标准，避免因计量计价规则不一致产生的争议。

---

❶《中华人民共和国建筑法》，1997 年 11 月 1 日通过，以中华人民共和国主席令第 91 号公布。2011 年 4 月 22 日第一次修正，2019 年 4 月 23 日第二次修正。

❷《中华人民共和国招标投标法》，1999 年 8 月 30 日通过，以中华人民共和国主席令第 21 号公布。2017 年 12 月 27 日第一次修正。

（2）指导审核工作流程：标准规范明确了审核工作的流程和方法，能够指导审核人员有序开展工作，保障审核工作的系统性和连贯性，提高审核的效率和质量。

（3）促进结算审核水平提升：行业不断更新的标准规范反映了新技术、新工艺、新材料的应用要求。在工程结算审核中，依据这些标准规范，可促使审核人员不断学习和掌握新知识，提升审核工作的水平。

（二）行业企业标准规范构成

（1）《工程造价咨询业务操作指导规程》（中价协〔2002〕第016号）：规范了工程造价咨询业务操作程序，明确了咨询业务操作人员的工作职责等内容。

（2）DL/T 5745—2021：详细规定了电力建设工程工程量清单计价的计价原则、方法、依据、表格等内容。

（3）《电力建设工程工程量清单计算规范　输电线路工程》（DL/T 5205—2021）：规范输电线路工程清单工程量计量行为，统一输电线路工程初步设计、施工图设计两阶段发承包及其实施阶段的工程量计算规则与清单编制方法。

（4）《电力建设工程定额和费用计算规定（2018年版）》（国能发电力〔2019〕81号）：专门针对电力建设工程，反映电力工程建设的人工、材料、机械等消耗标准和价格水平，是电力工程清单组价的重要依据。

（5）Q/GDW 11337—2023：主要用于规范国家电网有限公司（简称国家电网公司）输变电工程发承包及实施阶段的计价活动。

（6）《输电线路工程工程量计算规范》（Q/GDW 11339—2023）：规定了国家电网公司输电线路工程工程量计算规则、工程量清单的编制方法。

三、工程建设管理文件资料

（一）工程建设管理文件作用

（1）提供审核依据：文件明确了工程建设的范围、内容、标准、流程等关键要素，为工程结算审核提供了详细的基础依据。审核人员可依据文件中规定的工程建设要求，对结算内容进行逐一核对，判断各项费用的计取是否合理。

（2）规范审核流程：文件中规定了工程结算审核的流程和方法，包括审核的阶段划分、各阶段的工作内容及审核的具体方法等，有助于确保审核工作按照既定的程序有序进行，避免审核过程中的随意性和混乱，提高审核工作的效率和质量。

（3）控制审核风险：工程建设管理文件明确了工程建设过程中的风险分担原则及结算调整的条件和方法，使审核人员在审核过程中能够准确识别风险因素，判断结算金额的合理性，有效控制因风险因素导致的结算误差，降低审核风险。

（4）保障审核公正：工程建设管理文件作为工程建设各方共同遵循的准则，为工程结算审核提供了公正、客观的评判标准。审核人员依据文件进行审核，能够避免因人为因素或各方利益诉求不同而产生的争议，确保审核结果的公正性和客观性，维护各方的合法权益。

（5）促进沟通协调：工程建设管理文件明确了建设单位、施工单位、监理单位等各方在工程结算审核中的职责和义务，有助于各方在审核过程中明确各自的工作内容和责任，加强沟通与协调，及时解决审核过程中出现的问题，推动工程结算审核工作的顺利进行。

（二）工程建设管理资料构成

（1）可行性研究报告及批复文件：可行性研究报告是工程立项的重要依据，批复文件明确了工程的建设规模、投资估算等内容。

（2）初步设计文件及批复文件：初步设计文件包括设计说明、图纸、概算等，批复文件明确了工程的设计方案和审定概算金额。

（3）工程建设管理相关规定：包括建设单位制定的管理制度、流程和标准等。

（三）工程建设管理资料要求

（1）工程建设各阶段核准文件、批复文件及评审意见，应签字盖章齐全。

（2）各阶段批准的建设预算金额与批复文件，应保持一致。

（3）建设管理单位提供的管理性文件，应在有效执行范围之内。

四、工程结算资料

（一）工程结算资料作用

（1）确定结算范围和内容：结算资料详细记录了工程项目施工过程中发生的各项费用，明确了结算的具体范围，包括分部分项工程费用、其他项目费用等，让审核人员明确掌握需要审核的具体内容，避免漏项或重复计算。

（2）提供计价依据：施工费用结算资料中包含了工程计量的相关数据及各项费用的计价标准，如工程量计算书、工程设计变更及签证单、材料价格确认单等。这些依据是审核人员判断费用计算是否准确的基础，通过与合同约定、相关规范标准进行对比，核实结算价格的合理性。

（3）反映工程变更及签证情况：工程变更及签证在施工过程中较为常见，变更及签证等资料能反映出工程实际施工内容与原合同约定的差异。审核人员可据此调整结算金额，确保费用结算与实际施工情况相符，避免因工程变更及签证导致费用纠纷。

（4）准确核算物资成本：物资费用结算资料包含物资采购合同、发票等，明确了各种物资的采购单价，这是核算物资成本的基础。送货单、验收单等资料记录了实际收到的物资数量。审核人员将其与工程实际用量及设计用量对比，能发现是否存在物资超领或数量不符等问题，准确计算物资费用。

（5）保障结算准确性：物资费用结算资料明确了各项物资的费用组成，如运输费、装卸费、损耗费等。审核人员依据这些资料，检查费用计算方法是否正确，各项费用的计取是否符合规定，确保物资费用结算的准确性。

（6）辅助判断费用合理性：施工费用结算资料中的施工日志、设备材料进场记录、人工考勤记录等，能帮助审核人员了解施工过程中的实际情况，辅助判断各项费用的发生是否合理。例如，通过施工日志可以核实工期是否正常，进而判断赶工费等措施费用的计取是否合理。

（7）作为纠纷处理依据：在工程结算审核过程中，若出现争议或纠纷，工程结算资料是重要的证据。这些资料能够清晰呈现工程施工的全貌和费用发生的来龙去脉，为解决纠纷提供有力支持，有助于维护各方的合法权益。

（二）工程结算资料构成

1. 施工费用结算审核所需资料

（1）招标投标文件：招标文件、投标文件、澄清答疑文件、中标通知书等，明确了工程的范围、价格和合同条件，是结算审核的重要依据。

（2）施工合同及补充协议：施工合同是结算审核的核心依据，补充协议是对合同内容的调整和补充，需重点关注合同条款的变更和履约情况。

（3）施工组织设计和施工方案：经批准的施工组织设计和施工方案，反映了施工的技术要求和资源配置，是审核工程量和技术措施费的重要依据。

（4）隐蔽工程验收记录：是确认隐蔽工程量和质量的重要文件，须确保其签字盖章手续齐全。

（5）工程变更和签证资料：是结算审核的重点内容，需审核其合规性、合理性和真实性。

（6）竣工报告和竣工图文件：确认了工程的完工情况和质量，是结算审核的必备资料。

（7）施工日志和监理日志：记录了工程施工的详细过程，是审核工程进度和质量的重要依据。

（8）材料检验报告和合格证：是确认材料质量的重要文件，须在结算审核中确保其合规性。

2．物资费用结算审核所需资料

（1）物资采购合同：明确了物资的品种、数量、价格和交货条件，是审核物资费用的核心依据。

（2）物资结算清单：经物资部门确认的物资结算清单，反映了实际采购和使用的物资情况，需确保其与合同和实际使用情况一致。

（3）物资调拨单、退库单、利库单：反映物资的流转和使用情况，是审核物资费用的重要依据。

（4）物资验收记录：是确认物资数量和质量的重要文件，需在结算审核中确保其真实性。

3．其他费用审核所需资料

（1）建设场地征用及清理费补偿合同（含协议）：补偿合同及协议明确了补偿范围、标准和支付方式，是审核补偿费用的核心依据。补偿票据和付款凭证是确认补偿金额和支付情况的重要文件，需确保其真实性和合规性。政策性文件和会议纪要明确了建设场地征用及清理费补偿政策依据和执行标准，是审核补偿费用的重要参考。

（2）招标代理合同：明确了招标代理的内容和费用，是审核招标代理费用的依据。

（3）监理合同：明确了监理工作内容和费用，是审核监理费的依据。

（4）造价咨询合同：明确了造价咨询的内容和费用，是审核造价咨询费用的依据。

（5）工程保险费单据：工程保险费单据是确认保险费用支付情况的重要文件，需在结算审核中确保其合规性。

（6）项目前期工作费凭证：是确认前期费用支付情况的重要文件，需在结算审核中确保其真实性。

（7）勘察设计合同：明确了勘察设计的内容和费用，是审核勘察设计费的依据。

（8）工程检测合同：明确了工程检测的内容和费用，是审核工程检测费用的依据。

（三）工程结算资料要求

（1）施工合同签订有关文件与资料，在承包范围、技术标准要求等方面应一致，不应存在施工合同（包括补充协议）与招标文件有背离的情况。

（2）施工图纸应依据合同约定通过发包方、承包方、设计和监理方共同确认，并最终形成一套完整的包括各专业结算图纸目录在内的结算图纸，包括纸质版及电子版图纸文件。

（3）项目施工组织设计和方案、进度计划、开复工报告应经过发包方批复或确认，进度计划应有标识的批复时间。

（4）会议纪要需明确会议时间、地点、参加人员、会议议题、会商结果等内容，与会各方应签认。

（5）工程变更及签证应确保合法性、时效性、真实性、准确性，审批签署意见应明确，时间签署应符合逻辑，并提供工程变更及签证执行报验单等资料。

（6）设备（材料）物资采购合同、物资结算清单应经物资部门书面确认，甲供物资调拨单、退库单、利库单等手续应完备。

（7）赔偿合同及相关协议签字盖章应齐全，赔（补）偿票据、银行转账付款凭证、相关政策性文件、会议纪要等支撑性材料应齐全。

（8）招标费、监理费、施工过程造价咨询及竣工结算审核费、工程保险费、项目前期工作费、勘察设计费、各阶段设计文件评审费、工程建设检测费等合同或其他结算资料签字盖章应齐全。

第二节　结　算　审　核　方　法

电网建设工程具有规模大、建设周期长、结构复杂、专业性强等特点，选择合理的审核方法不仅能达到事半功倍的效果，还直接关系到结算审核工作的质量和效率，主要审核方法包括全面审核法、重点审核法、对比审核法、现场实测法、风险热图分析法、综合审核法等。

一、全面审核法

全面审核法是按照设计文件要求，结合招投标文件、发承包合同或协议、施工组织设计、现行清单计价规范及有关造价计算的规定和文件等，全面审核工程量、单价及费用计算。优点：全面细致、审查质量高、效果好；缺点：工作量大、时间较长、存在重复劳动。

二、重点审核法

重点审核法是抓住工程结算中的重点进行审核的方法，类似于全面审核法，但审核范围不同。使用重点审核法时，主要选择工程量大且费用高的分项工程及容易出现争议的项目，如工程变更、现场签证等费用进行审核。

三、对比审核法

对比审核法是将待审核的工程结算与已审核的类似工程结算进行对比，通过分析同类工程的造价指标、工程量指标、材料消耗指标等，找出差异并分析原因，从而判断待审核工程结算的合理性。全面审核结束后开展同类工程对比或项目内部逻辑校验，有助于发现异常偏差。

四、现场实测法

现场实测法是指审核人员深入工程现场，运用测量工具和相关技术手段，进行实地测量，以获取准确的工程数据，作为工程结算审核的一种辅助方法。有效解决因图纸与实际施工情况不符、资料不清晰或存在争议等问题，为公正、准确地进行工程结算审核提供有力支持。

五、风险热图分析法

风险热图分析法是一种有效的风险评估工具，通过将风险等级以颜色进行标记，形成可视化的风险热图，便于审核人员快速识别结算审核中存在的潜在风险。这种方法有助于在复杂的工程结算中，突出重点，集中资源和精力进行高风险环节的核查，从而提高审核效率和质量。风险热图分析法可以与其他审核方法结合使用，提升审核结果的准确性和可靠性。

六、综合审核法

综合审核法通过结合不同的审核方法和数据模型，对项目的各类费用进行全面、多角度的审核。结合了传统的全面审核法、重点审核法、对比审核法及风险热图分析法，形成一个全方位的审核体系，能够涵盖项目的各个方面，提高审核的效率和准确度。

第三节　结算审核流程

输电线路工程结算审核主要按照准备、实施和交付三个阶段进行，其工作流程见图 2-1。整个流程旨在确保结算审核工作的规范、准确和高效，提供高质量的造价咨询服务。

一、准备阶段

（1）确定审核范围和目标：根据咨询合同，确定结算审核所涵盖的具体工程项目范围、工程规模、进度要求等。

（2）编制审核工作方案：根据工程的性质、规模和复杂程度，组建专业齐全的审核团队，明确各成员的职责和分工，制订详细的审核计划和质量要求。

（3）收集审核资料：收集与工程结算审核相关的各种资料，包括但不限于工程建设管理文件、招投标文件、施工合同、补充协议、设计文件、工程变更及签证记录、施工日志、材料设备采购发票及清单、工程竣工验收报告等。

（4）编制审核原则：审核人员仔细研读收集到的各类资料，了解项目的建设背景、工程概况、建设流程，梳理合同条款约定，确定结算审核原则。

二、实施阶段

（1）费用初步审核：各专业审核人员依据图纸、签证单等工程资料开展工程量、综合单价及相关费用的审核，形成初步成果文件。

（2）费用核对：将初步审核结果与报送的工程结算书进行详细核对，找出差异。

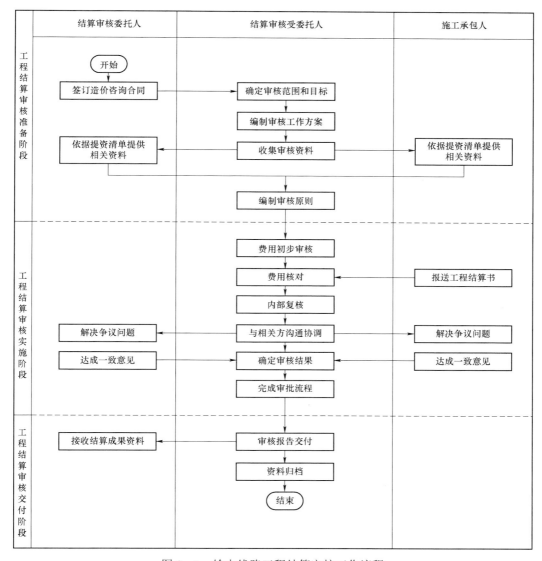

图 2-1 输电线路工程结算审核工作流程

（3）内部复核：审核团队内部对初步审核结果进行交叉复核，重点复核与报送工程结算书存在差异部分。

（4）与相关方沟通协调：将初步审核结果与建设单位、施工单位等相关方进行沟通，对于存在争议的问题，组织专题会议进行讨论和协商，形成一致意见。

（5）确定审核结果：在各方对审核结果达成一致意见后，根据沟通协调的结果，对结算书进行修改和完善，明确费用的最终审核金额，编制审核报告。

（6）完成审批流程：专业审核人员完成初步成果文件后，编制人员提交完成校核、审核、批准三级校审流程。

三、交付阶段

（1）审核报告交付：结算审核报告应由编制人、校核人、审核人及批准人签字，并加盖公章，将正式的结算审核报告提交给委托方。

（2）资料归档：将审核过程中形成的各种工作底稿、计算书、支撑资料、相关文件及审核报告等进行整理归档，便于日后查阅和追溯。

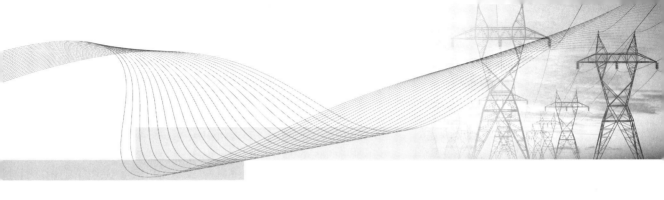

第三章 结算审核要点

工程结算审核要点是指在对工程项目进行结算审核时，需要重点关注和审查的关键环节、要素及事项，包括对工程资料的完整性与真实性审查、工程量计算的准确性核实、工程单价的合理性判断、费用计算的合规性检查及变更签证的有效性确认等方面，旨在确保工程结算的准确性、公正性和合理性，保障参建各方的合法权益。

本章内容依据 DL/T 5205—2021 和 Q/GDW 11339—2023 编制，并分析了两种标准在结算审核过程中应用的差异。

第一节 施工费用结算审核要点

一、架空输电线路工程分部分项清单费用

（一）基础工程

1. 基础土石方

（1）SA01 线路复测分坑。

1）审核依据：设计文件杆塔明细表。

2）审核要点：按照设计图示数量，以"基"计算，区分直线单杆、耐张（转角）单杆、直线双杆及拉线塔、耐张（转角）双杆、三联杆、直线自立塔、耐张（转角）自立塔等分别统计工程量。

（2）SA02 杆塔坑、拉线坑挖方及回填。

1）审核依据。

a. 设计文件基础设计图纸。

b. 地质勘察报告。

c. 隐蔽工程验收资料。

2）审核要点。

a. 按设计图示尺寸，以体积"m³"计算

体积＝基础底面积（或基础垫层底面积）×开挖深度

b. Q/GDW 11339—2023 中项目特征增加"开挖方式"描述，指人工开挖或机械开挖，清单编制时也可不具体指明，但应注明由投标人根据施工现场实际情况自行综合考虑。

c. Q/GDW 11339—2023 中明确计算杆塔坑、拉线坑挖方及回填工程量时，灌注桩承台内空钻土方体积不予扣减。

d. 计算土石方体积时，应按天然密实体积计算。

e. 结算时需要对基础土石方的地质类别进行确定，基础土石方地质类别应按地质勘察报告确定。如地质类别判断存在争议，地质勘察单位应出具地勘与定额中土石分类对照说明，作为结算依据；也可参考国家电网有限公司电力建设定额站《输变电工程定额土质与勘察地质分类应用指导意见（试行）》（GDFY－2023－05）。

f. 根据地质勘察报告，当同一基坑内出现两种或两种以上不同土石质时，应选用含量较大的一种确定其类型。当出现流砂层时，不论其他土质占多少，全坑按流砂坑计算；当出现地下水涌出时，全坑按水坑计算，同时需要施工单位提供专项降水措施方案、影像资料作为结算支撑资料。如专项降水施工费用已单独计列的，该基坑开挖土质类型按照普土或干砂坑计算。

g. 计算基坑的深度时，应包含垫层的厚度。如基坑需要进行地基处理，则不计算土石方开挖量，地基处理费用应在辅助工程地基处理清单项中计列。

h. 因地质勘查期与施工期不同，水坑土质结算时一般需办理签证，支撑资料包括降水方案、照片等影像资料。

（3）SA03 挖孔基础挖方。

1）审核依据。

a. 设计文件基础设计图纸。

b. 地质勘察报告。

c. 隐蔽工程验收资料。

2）审核要点。

a. 按设计图示尺寸，以体积"m³"计算。Q/GDW 11339—2023 中根据开挖方式不同，当挖孔基础挖方采用人工开挖或未具体指明开挖方式时，按施工设计图示尺寸，以体积"m³"计算；采用机械开挖时，考虑计价方便因素，按设计图示尺寸，以孔深"m"计算。

b. 结算时需要对基础土石方的地质类别进行确定，基础土石方地质类别应按地质勘测资料确定，设计院应出具地勘与定额中土石分类对照说明，作为结算依据，也可参考国家电网有限公司电力建设定额站《输变电工程定额土质与勘察地质分类应用指导意见（试行）》（GDFY-2023-05）。

c. 同一孔中不同土质执行定额时，以钻孔总深度为孔深执行相应定额。

d. 挖孔基础包括掏挖基础、岩石嵌固基础、挖孔桩基础。如设计采用护壁，挖孔基础挖方应包含地面以下护壁土方量。

e. 计算土石方体积时，应按天然密实体积计算。

f. 挖孔基础挖方项目特征中"孔径"指基础立柱有效直径，不含护壁。

2. 基础钢材

（1）SA04 现浇基础（构件）钢筋。

1）审核依据：设计文件基础设计图纸。

2）审核要点：

a. 按设计图示数量，以质量"t"计算。

b. 锚杆基础、基础护壁、排洪（水）沟、护坡、挡土（水）墙、围堰、防撞墩（墙）的钢筋计入现浇基础（构件）钢筋。

c. 承台部分钢筋应根据承台基础形式计入现浇基础（构件）钢筋。

d. Q/GDW 11339—2023 中基础爬梯参照陆上电缆建筑工程"钢构件"清单。

（2）SA05 钢筋笼。

1）审核依据：设计文件基础设计图纸。

2）审核要点：按设计图示数量，以质量"t"计算。

（3）SA06 地脚螺栓。

1）审核依据：设计文件基础设计图纸。

2）审核要点：

a. 按设计图示数量，以质量"t"计算。

b. 地脚螺栓工程量包含定位模板。Q/GDW 11339—2023 中地脚螺栓工程量不包含定位模板。

（4）SA07 插入式角钢（或钢管）

1）审核依据：设计文件基础设计图纸。

2）审核要点：按设计图示数量，以质量"t"计算。

3. 混凝土工程

（1）SA08 底盘。

1）审核依据：设计文件基础设计图纸。

2）审核要点：按设计文件区分单杆、双杆或三联杆、每基块数和每块重，以"基"计算。

（2）SA09 套筒。

1）审核依据：设计文件基础设计图纸。

2）审核要点：

a. 核实每基根数和每块重，应与项目特征描述一致。

b. 清单工作内容已包括二次灌浆。

（3）SA10 卡盘。

1）审核依据：设计文件基础设计图纸。

2）审核要点：

a. 按设计文件区分每基块数和每块重，以"块"计算。

b. 若为预制件，综合单价已考虑场外运输、装卸、施工机械拆装等相关费用。

c. 重新组价时，应注意区分预制与现场制作。

（4）SA11 拉线盘。

1）审核依据：设计文件基础设计图纸。

2）审核要点：

a. 按设计文件区分每组拉块数（一块、二块）和每块重，以"组"计算。

b. 若为预制件，综合单价已考虑场外运输、装卸、施工机械拆装等相关费用。

c. 重新组价时，应注意区分预制与现场制作。

（5）SA12 混凝土装配式基础。

1）审核依据：

a. 设计文件基础设计图纸。

b. 装配式基础采购资料。

2）审核要点：

a. 按设计图示尺寸，以体积"m^3"计算。

b. 核实混凝土强度等级与项目特征描述应一致。

c. 注意区分混凝土装配式基础是指两个或两个以上预制混凝土构件组合而成的基础，根据基础设计图纸核实施工现场实体工程量。

（6）SA13 基础垫层。

1）审核依据：

a. 设计文件基础设计图纸。

b. 施工验收资料。

2）审核要点：

a. 按设计图示尺寸，以体积"m^3"计算。

b. 根据施工验收资料，核实灰土垫层现场实际灰土比。

（7）SA14 现浇基础。

1）审核依据：设计文件基础设计图纸。

2）审核要点：

a. 按设计图示尺寸，以体积"m^3"计算。

b. 本条清单项目特征中"基础类型"指板式基础、刚性基础、基础承台、基础联系梁等。

（8）SA15 大体积混凝土基础。

1）审核依据：设计文件基础设计图纸。

2）审核要点：

a. 按设计图示尺寸，以体积"m^3"计算。

b. 大体积混凝土基础是指因混凝土水化热引起的，设计文件中明确要求，在混凝土浇制中采取温度控制措施的混凝土基础。

（9）SA16 挖孔基础浇灌。

1）审核依据：设计文件基础设计图纸。

2）审核要点：

a. 按设计图示尺寸，以体积"m^3"计算。

b. 本条清单项目特征中"基础类型"指掏挖基础、岩石嵌固基础、挖孔桩基础等。

c. 重新组价时，如挖孔基础采用基础护壁，则基础护壁设置长度范围内桩混凝土不计充盈量。桩长小于 5m 时执行现浇基础混凝土定额。

d. 挖孔基础浇灌体积应按照图示尺寸复核工程量。

e. 清单工程量不含护壁，挖孔基础护壁工程量另计入"挖孔基础护壁"清单中。

（10）SA17 挖孔基础护壁。

1）审核依据：

a. 设计文件基础设计图纸。

b. 护壁施工现场影像资料或隐蔽记录。

c. 护壁工程量确认单。

2）审核要点：

a. 按设计图示尺寸，以体积"m³"计算。

b. 本条清单项目特征中"护壁类型"指有筋现浇护壁、无筋现浇护壁、预制护壁等。

c. 根据施工现场影像资料或隐蔽记录、护壁工程量确认单，核实挖孔基础护壁现场实际完成情况。

（11）SA18 灌注桩成孔。

1）审核依据：

a. 设计文件基础设计图纸。

b. 地质勘察报告。

2）审核要点：

a. 按设计图示尺寸，以长度"m"计算。

b. 长度为打桩前自然地面标高至设计桩底的深度（包括桩尖），Q/GDW 11339—2023 中长度为打桩前地面标高至设计桩底的深度（不包括桩尖长度）。

c. 凡一孔中有不同土质时，应按设计提供的地质资料区分砂土、黏土、砂砾石、岩石等进行分层计算。

d. 同一孔中不同土质，不同土质执行定额时，以钻孔总深度为孔深执行相应定额。

e. 定额不包括孔径大于 2.2m 的钻孔灌注桩基础成孔，发生时执行地方定额。

f. 本条清单工作内容已含泥浆池挖、填、泥浆外运及处置等费用。

（12）SA19 灌注桩浇灌。

1）审核依据：

a. 设计文件基础设计图纸。

b. 混凝土配合比检测报告。

2）审核要点：

a. 按设计桩截面积乘以设计桩长，以体积计算（包括桩尖）。Q/GDW 11339—2023中按设计桩截面积乘以设计桩长以体积计算（不包括桩尖体积）。

b. 本条清单工作内容包含超声波测管安装。Q/GDW 11339—2023 中单独设列"声测管"清单。

c. 根据混凝土配合比检测报告，核实混凝土强度等级。

d. 本条清单工作内容已含凿桩头。

（13）SA20 预制桩基础。

1）审核依据：设计文件基础设计图纸。

2）审核要点：

a. 按设计桩截面积乘以设计桩长（包括桩尖体积），以实体体积"m³"计算。

b. 项目特征中"桩类型"指混凝土实心方桩、空心方桩和预应力管桩。

c. 根据基础图核实施工现场预制桩规格。

（14）SA21 钢管桩基础。

1）审核依据：设计文件基础设计图纸。

2）审核要点：按设计图示尺寸，以"根"计算。

（15）SA22 岩石锚杆基础。

1）审核依据：

a. 设计文件基础设计图纸。

b. 混凝土配合比检测报告。

2）审核要点：

a. 按设计图示尺寸，以孔深"m"计算。

b. 根据混凝土配合比检测报告，核实混凝土强度等级。

（16）SA23 树根桩基础。

1）审核依据：

a. 设计文件基础设计图纸。

b. 混凝土配合比检测报告。

2）审核要点：

a. 按设计图示尺寸，以体积"m³"计算。

b. 根据混凝土配合比检测报告，核实混凝土强度等级。

c. 树根桩基础是一种小型钻孔灌注桩，与灌注桩不同之处在于采用二次注浆工艺。

（17）SA24 保护帽。

1）审核依据：设计文件基础设计图纸。

2）审核要点：

a. 按设计图示尺寸，以体积"m³"计算。

b. 如设计文件已标明每基保护帽工程量，按图计算。如图纸未标明，需办理工程量确认单，审核人员根据铁塔塔型确定保护帽类型，再根据踏脚板宽度和保护帽厚度进行复核。

c. 根据设计文件基础设计图纸，一般情况下保护帽采用现场搅拌混凝土，重点核实图纸与清单中描述的混凝土强度应一致。

4. 基础防护

（1）SA25 基础防腐。

1）审核依据：设计文件。

2）审核要点：

a. 按设计图示尺寸，以表面积"m²"计算。

b. 根据设计文件，区分防腐材料，按设计要求涂刷面积计算。

（2）SA26 基础阴极保护。

1）审核依据：设计文件。

2）审核要点：

a. 按设计数量，以"套"或"处"计算。

b. 根据设计文件，核实阳极材质、规格；测试桩材质、规格；参比电极材质、规格。

（二）杆塔工程

（1）SB01 混凝土杆组立。

1）审核依据：

a. 设计文件杆塔设计图纸。

b. 物资台账。

2）审核要点：

a. 按照设计图示数量，以"基"计算。

b. 本清单项目特征中"杆型"指单杆（整根、分段）、双杆（整根、分段）、三联杆（整根、分段）。

c. 本清单项目特征中"拉线特征"为拉线规格、拉线型式、拉线组数和每组根数、拉线高度和线夹形式。

d. 混凝土杆质量包含杆身自重和横担、叉梁、脚钉、爬梯、拉线抱箍、避雷器支架、电缆平台等全部杆身组合构件的质量，不包含基础、接地、拉线组、绝缘子金具串的质量。

e. 安装工程量应与物资量相符。

（2）SB02 钢管杆组立。

1）审核依据：

a. 设计文件杆塔设计图纸。

b. 物资台账。

2）审核要点：

a. 按照设计图示数量，以"基"计算。Q/GDW 11339—2023 中按设计图纸数量，以质量"t"计算。

b. 本清单项目特征中"杆型"指整根式、分段式。

c. 钢管杆质量包含杆身自重和横担、叉梁、脚钉、爬梯、拉线抱箍、避雷器支架、电缆平台等全部杆身组合构件的质量，不包含基础、接地、拉线组、绝缘子金具串的质量。

d. 薄壁离心混凝土钢管杆组立，按"钢管杆组立"清单项。

e. 安装工程量应与物资量相符。

（3）SB03 拉线塔组立。

1）审核依据：

a. 设计文件杆塔设计图纸。

b. 物资台账。

2）审核要点：

a. 按设计数量，以质量"t"计算。

b. 本清单项目特征中"拉线特征"为拉线规格、拉线型式、拉线组数和每组根数、拉线高度和线夹形式。

  c. 本清单项目特征中"塔全高步距"为铁塔最长腿基础顶面到塔头顶的总高度。

  d. 拉线塔质量包含塔身、铁塔螺栓（如防盗螺栓、双螺母等）脚钉、爬梯、电梯井架、避雷器支架、电缆平台等全部塔身组合构件的质量，不包含基础、接地、拉线组、绝缘子金具串的质量。

  e. 安装工程量应与物资量相符。

  （4）SB04 自立塔组立。

  1）审核依据：

  a. 设计文件杆塔设计图纸。

  b. 物资台账。

  2）审核要点：

  a. 按设计数量，以质量"t"计算。

  b. 本清单项目特征中"铁塔类型"为角钢塔、钢管塔。

  c. 本清单项目特征中"塔全高步距"为铁塔最长腿基础顶面到塔头顶的总高度。每米塔重指铁塔的平均每米塔重，即每米塔重=铁塔总重/塔全高。

  d. 自立塔质量包含塔身、铁塔螺栓（如防盗螺栓、双螺母等）脚钉、爬梯、电梯井架、避雷器支架、电缆平台等全部塔身组合构件的质量，不包含基础、接地、拉线组、独立电缆平台或支架、绝缘子金具串的质量。

  e. 安装工程量应与物资量相符。

  （5）SB05 钢管塔管内灌注混凝土。

  1）审核依据：设计文件杆塔设计图纸。

  2）审核要点：

  a. 按设计数量，以体积"m^3"计算。

  b. 根据设计文件杆塔设计图纸，核实灌注高度、混凝土强度等级。

  （6）SB06 杆塔刷漆。

  1）审核依据：设计文件杆塔设计图纸。

  2）审核要点：

  a. 结算工程量为设计要求刷漆的杆塔材料重，以质量"t"计算。

  b. 项目特征中杆塔类型是指钢管杆、钢管塔和角钢塔。

（三）接地工程

（1）SC01 接地槽挖方及回填。

1）审核依据：

a. 设计文件接地装置图纸。

b. 地质勘察报告。

2）审核要点：

a. 按设计图示尺寸，以体积"m³"计算。

b. 结算时需要对接地槽土石方的地质类别进行确定，土石方地质类别应按地质勘测资料确定，如地质类别判断存在争议，设计单位应出具地勘与定额中土石分类对照说明，作为结算依据；也可参考执行国家电网有限公司电力建设定额站标准《输变电工程定额土质与勘察地质分类应用指导意见（试行）》（GDFY－2023－05）。

c. 不同地质情况下，接地开挖土石方量不同，需根据地勘报告确定开挖地质类别，对应设计图纸中相应尺寸计算开挖工程量。

d. 接地槽土方按照接地体长度×埋深×宽度计算。

e. 接地槽土方设计要求换土（借土回填），执行"回（换）填"清单项目。

（2）SC02 垂直接地体安装。

1）审核依据：设计文件接地装置图纸。

2）审核要点：

a. 按设计数量，以"根"计算。

b. 如项目特征变化需重新组价时，垂直接地体长度定额按 2.5m 考虑；铜覆钢垂直接地体长度定额按 3m 考虑，如实际长度超过时，定额乘以 1.25 系数。

（3）SC03 水平接地体安装。

1）审核依据：设计文件接地装置图纸。

2）审核要点：

a. 按设计图示尺寸，以长度"m"计算。

b. 如项目特征变化需重新组价时，石墨、不锈钢水平接地体敷设按"水平接地体敷设"定额乘以 0.8 系数；水平接地体（不含非开挖接地）敷设按每基长度 300m 以内考虑，如实际长度超过时，定额乘以 0.6 系数。

c. 水平接地体安装清单工作内容已含接地模块安装。Q/GDW 11339—2023 中水平接地体安装清单工作内容不含接地模块安装，单独设列"接地模块安装"清单。

（4）SC04 非开挖接地。

1）审核依据：

a. 设计文件接地装置图纸。

b. 地质勘察报告。

2）审核要点：

a. 按设计图示尺寸，以长度"m"计算。

b. 项目特征中"地质类别"，按地质勘察报告确定。

（四）架线工程

（1）SD01 避雷线架设。

1）审核依据：设计文件杆塔明细表、平断面定位图、导地线架设图纸。

2）审核要点：

a. 按设计线路亘长，以单根长度"km"计算。

b. 注意避雷线的根数。

c. 核实设计说明长度与杆塔明细表亘长的一致性。

（2）SD02 OPGW 架设。

1）审核依据：设计文件光缆明细表、平断面定位图、光缆架设图纸。

2）审核要点：

a. 按设计线路亘长，以单根长度"km"计算。

b. 注意光缆的根数、芯数。

c. 核实设计说明长度与杆塔明细表亘长的一致性。

d. OPGW 架设清单工作内容包含 OPGW 的接续、单盘测量、全程测量。Q/GDW 11339—2023 中 OPGW 架设清单工作内容不包含 OPGW 的接续、单盘测量、全程测量，分别单独设列 OPGW 的接续、单盘测量、全程测量清单。

（3）SD03 导线架设。

1）审核依据：设计文件杆塔明细表、平断面定位图、导地线架设图纸。

2）审核要点：

a. 按设计线路亘长，以长度"km"计算。

b. 需区分单双回分别统计工程量，多回路架设时工程量按照单回路亘长计算。

c. 同塔混压多回路导线架设时，根据项目特征分别计算不同电压等级的工程量。

d. 核实设计说明长度与杆塔明细表亘长的一致性。

e. 导线架设清单工作内容包含 OPPC 单盘测量、接续、全程测量。Q/GDW 11339—2023 中导线架设清单工作内容不包含 OPPC 的接续、单盘测量、全程测量，分别单独设列 OPPC 的接续、单盘测量、全程测量清单。

f. Q/GDW 11339—2023 中单独设列老线路导、地线弧垂调整清单。按设计图示数量，以"耐张段/相（极）"计算。

（4）SD04 耦合屏蔽线架设。

1）审核依据：设计文件杆塔明细表、平断面定位图、导地线架设图纸。

2）审核要点：

a. 按设计线路亘长，以单根长度"km"计算。

b. 如项目特征变化需重新组价时，若采用钢绞线作屏蔽线，定额材料费乘以 0.2 系数。

（5）SD05 交叉跨越。

1）审核依据：

a. 设计文件杆塔明细表、平断面定位图。

b. 跨越施工方案（含专项跨越方案）。

c. 现场作业照片等影像资料。

d. 带电跨越相关佐证资料。

2）审核要点：

a. 按设计跨越数量，以"处"计算。跨越定额计量单位"处"，系指在一个档距内，对一种被跨越物所必需搭设的跨越架而言。如同一档距内跨越多种（或多次）跨越物时，应根据跨越物种类（或次数）分别执行定额。

b. 本清单项目特征"被跨越物名称"指跨低压弱电线、（穿）高压电力线、土路、一般公路、国道、高速公路，一般铁路、电气化铁路、高速铁路、果园经济作物、河流、建筑物等。

c. 跨低压弱电线包括 380V 及以下电力线、通信线、广播线。

d. 如有带电跨越电力线，须提供带电跨越相关佐证资料。

e. 如杆塔明细表中未明确公路等级、铁路类型的，可与设计院沟通完善设计图纸，或者办理确认单，由建设管理单位、监理、施工、设计四方进行确认。

f. 跨果园经济作物清单以"处"为单位计量，按照杆塔明细表中相应处数计算，如杆塔明细表中以长度标注时，根据输电线路工程预算定额规定，按 60m 为一处计算。

g. 跨河流清单以"处"为单位计量，需区分河宽，一般分为 50m 以内、150m 以内、300m 以内、300m 以上，图纸中未标明时需要求设计补充说明。若招标清单中未根据宽度分别列项，则结算时也不需要区分。如人能涉水而过的河道、干涸的河流等不予计列。对于必须采取封航的通航河道或水流湍急，以及施工难度较大的深沟或峡谷，其跨越架线可按审定的施工组织设计另行核定。

h. 跨越房屋时需区分房屋高度。

（6）SD06 特殊跨越。

1）审核依据：

a. 设计文件杆塔明细表、平断面定位图。

b. 特殊跨越施工专项方案。

c. 现场作业照片。

2）审核要点：

a. 按设计跨越数量，以"处"计算。

b. 特殊交叉跨越架是指采用非脚手架形式跨越被跨越物，包括但不限于多柱组合式、带羊角横担柱式、无跨越架索道封网式等方式。

c. 如项目特征变化需重新组价时，注意无跨越架索道封网跨度是指封网的宽度。

（7）SD07 穿越电力线。

1）审核依据：

a. 设计文件杆塔明细表、平断面定位图。

b. 穿越电力线施工方案。

c. 现场作业照片。

2）审核要点：

a. 按设计跨越数量，以"处"计算。

b. 如项目特征变化需重新组价时，穿越电力线根据被穿越线路电压等级，按"跨越电力线"定额乘以 0.75 系数。

（五）附件工程

（1）SE01 导线耐张串。

1）审核依据：

a. 设计文件杆塔明细表、绝缘子串及金具组装图。

b. 物资台账。

2）审核要点：

a. 按设计数量，以"组"计算，单侧单相为一组，一组可能有单串或双串，但工程量仅计 1 组。

b. 导线耐张串清单项目工作内容含连接金具、绝缘子、线夹、预绞丝、护线条、均压环、屏蔽环等安装。

c. 安装工程量应与物资量相符，安装工程量为图示净量，物资量包含损耗量。

（2）SE02 导线悬垂、跳线串。

1）审核依据：

a. 设计文件杆塔明细表、绝缘子串及金具组装图。

b. 物资台账。

2）审核要点：

a. 按设计数量，以"串"计算。

b. 注意杆塔明细表中的数量是单侧单相数量还是全部数量。

c. "导线悬垂、跳线金具绝缘子串"清单项目计量单位"串"是指完全独立的金具绝缘子串，包含单联或多联，多联之间通过金具连接，可独立施工；如多联之间无金具相连，彼此保持相互独立，上下有独立的挂点，为两串或多串金具绝缘子"串"。

d. 导线悬垂串和跳线串清单项目工作内容含连接金具、绝缘子、线夹、预绞丝、护线条、均压环、屏蔽环等安装。

e. 如项目特征变化需重新组价时，注意跳线串安装定额以"串"为计量单位，悬垂线夹、均压环及屏蔽环安装定额以"单相"为计量单位。

f. 安装工程量应与物资量相符，安装工程量为图示净量，物资量包含损耗量。

（3）SE03 跳线制作及安装。

1）审核依据：设计文件杆塔明细表、绝缘子串及金具组装图。

2）审核要点：

a. 按设计数量，以"单相（极）"计算。

b. "跳线制作及安装"清单项目不包括软跳线间隔棒、刚性跳线鼠笼外两端引流线间隔棒安装，单独执行"导线间隔棒"清单。

c. 本清单项目特征中"跳线类型"指软跳线、刚性跳线。

（4）SE04 防振锤。

1）审核依据：

a. 设计文件杆塔明细表、绝缘子串及金具组装图。

b. 物资台账。

2）审核要点：

a. 按设计数量，以"个"计算。

b. 导线防振锤和地线防振锤分不同清单项计列。

c. 地线防振锤中应包括 OPGW 光缆的防振锤数量。

d. 防振锤若为"预绞式"，应注意组价时防振锤安装定额子目调整系数。

e. 安装工程量应与物资量相符，安装工程量为图示净量，物资量包含损耗量。

（5）SE05 导线间隔棒。

1）审核依据：

a. 设计文件杆塔明细表、绝缘子串及金具组装图。

b. 物资台账。

2）审核要点：

a. 按设计数量，以"个"计算。

b. 本清单包含软跳线间隔棒、刚性跳线鼠笼外两端引流线间隔棒安装。

c. 安装工程量应与物资量相符，安装工程量为图示净量，物资量包含损耗量。

（6）SE06 相间间隔棒。

1）审核依据：

a. 设计文件杆塔明细表、绝缘子串及金具组装图。

b. 物资台账。

2）审核要点：

a. 按设计数量，以"组"计算。

b. 相间间隔棒计量单位"组"，是指连接两相导线之间的相间间隔棒为一组，包括绝缘子、导线间隔棒、连接金具等。

c. 安装工程量应与物资量相符，安装工程量为图示净量，物资量包含损耗量。

（7）SE07 重锤。

1）审核依据：

a. 设计文件杆塔明细表、绝缘子串及金具组装图。

b. 物资台账。

2）审核要点：

a. 按设计数量，以"单相（极）"计算。

b. 安装工程量应与物资量相符，安装工程量为图示净量，物资量包含损耗量。

（8）SE08 阻尼线。

1）审核依据：

a. 设计文件杆塔明细表、绝缘子串及金具组装图。

b. 物资台账。

2）审核要点：

a. 按设计数量，以"单相（极）"计算。

b. 阻尼线夹安装包含在阻尼线安装中。

c. 安装工程量应与物资量相符，安装工程量为图示净量，物资量包含损耗量。

（9）SE09 阻冰环。

1）审核依据：

a. 设计文件杆塔明细表、绝缘子串及金具组装图。

b. 物资台账。

2）审核要点：

a. 按设计数量，以"个"计算。

b. 安装工程量应与物资量相符，安装工程量为图示净量，物资量包含损耗量。

（六）辅助工程

（1）SF01 输电线路试运。

1）审核依据：设计文件。

2）审核要点：

a. 按设计数量，以"回路"计算。

b. 35kV 输电线路不计取输电线路试运费；如一回输电线路由架空与电缆两部分组成时，工程量按 1 回路计算。

c. 重新组价时，定额按线路长度 50km 以内考虑，超过 50km 时，每增加 50km，定额乘以 0.2 系数，不足 50km 按 50km 计列。同塔架设多回线路时，增加的回路定额乘以 0.7 系数。当为"π 接"和"改接"线路时，长度按照原线路加 π 接或改接段长度考虑。

（2）SF02 尖峰、基面、排洪（水）沟、护坡、挡土（水）墙、防撞墩（墙）土石方开挖。

1）审核依据：

a. 设计文件基础配置表、辅助设施图纸。

b. 地质勘察报告。

c. 工程量确认单。

2）审核要点：

a. 按设计图示尺寸，以体积"m³"计算。

b. 土石方开挖、回（换）填、弃方外运与处置体积，按天然密实体积计算。

c. 地质类别按地质勘测资料确定。

d. 尖峰及施工基面土石方量计算，按设计提供的基面标高并按地形、地貌以实际情况进行计算。

e. 排洪（水）沟、护坡、挡土（水）墙、永久围堰、防撞墩（墙）土石方开挖工程量，按照基础配置表确定护坡、挡墙类型，再根据护坡、挡墙设计图纸计算具体工程量。

（3）SF03 排洪（水）沟、护坡、挡土（水）墙、防撞墩（墙）砌（浇）筑。

1）审核依据：

a. 设计文件基础配置表、辅助设施图纸。

b. 工程量确认单。

2）审核要点：

a. 按设计图示尺寸，以体积"m³"计算。

b. 排洪（水）沟、护坡、挡土（水）墙、永久围堰、防撞墩（墙）根据现场实际完成情况计列。

（4）SF04 护坡防护。

1）审核依据：

a. 设计文件基础配置表、辅助设施图纸。

b. 工程量确认单。

2）审核要点：

a. 按设计图示数量，以质量"t"或体积"m³"计算。

b. 挂网按设计挂网重量，以"t"为计量单位。喷射混凝土按设计图示尺寸，以"m³"为计量单位。

（5）SF05 标志牌。

1）审核依据：

a. 设计文件。

b. 物资台账。

2）审核要点：

a. 按设计数量，以"块"计算。

b."标志牌"包括警示牌、相序牌、杆号牌、命名牌、飞行器巡检牌、实物 ID 等各类标志牌。

c. 新建架空线路工程仅计列安装费，旧线路更换标志牌应考虑拆旧费用。

d. 安装工程量与物资量应相符。

（6）SF06 防鸟装置。

1）审核依据：

a. 设计文件。

b. 物资台账。

2）审核要点：

a. 按设计数量，以"个"计算。

b. DL/T 5205—2021 中防鸟装置计量单位"个"。Q/GDW 11339—2023 中防鸟装置计量单位"个"或"m²"。

c. 安装工程量应与物资量相符。

（7）SF07 防坠落装置。

1）审核依据：

a. 设计文件。

b. 物资台账。

2）审核要点：

a. 按设计图示数量，以长度"m"计算。

b. 防坠落装置分为刚性和柔性，审核过程中应区分防坠落装置清单项目特征，按刚性和柔性分别统计工程量。

c. 安装工程量应与物资量相符。

（8）SF08 避雷器。

1）审核依据：

a. 设计文件。

b. 物资台账。

2）审核要点：

a. 按设计数量，以"单相"或"单极"计算。

b. 安装工程量应与物资量相符。

（9）SF09 拦河线。

1）审核依据：设计文件。

2）审核要点：

a. 按设计数量，以"处"计算。

b. 本清单包含杆坑、拉线坑土石方挖填；基础安装或浇制，组立杆，拉线安装；拦河线放、紧线；警告牌安装等内容。

（10）SF10 监测装置。

1）审核依据：

a. 设计文件。

b. 物资台账。

2）审核要点：

a. 按设计数量，以"套"计算。

b. 本清单包含单体调试、系统联调。

c. 安装工程量应与物资量相符。

（11）SF12 索道设施。

1）审核依据：索道搭设方案及工程量确认单。

2）审核要点：按设计数量及现场实际情况，以"处"计算。"处"是指配有一台索道牵引机，并能够独立运转、运输物料的一处索道。

（12）SF13 固沙。

1）审核依据：设计文件。

2）审核要点：按设计文件或施工组织设计图示尺寸，以面积"m²"计算。

（13）SF14 回（换）填。

1）审核依据：

a. 设计文件。

b. 地质勘察报告。

c. 运距确认单。

2）审核要点：

a. 按设计文件或施工组织设计图示数量，以体积"m³"计算。

b. 地质类别按地质勘测资料确定。

c. 落水洞回填、危石清理等工作，执行"回（换）填"清单项目。

（14）SF15 余方外运与处置。

1）审核依据：

a. 设计文件。

b. 现场影像资料。

c. 工程量和运距确认单。

d. 政府环保相关政策。

2）审核要点：

a. 按设计文件或施工组织设计图示数量，以体积"m³"计算。

b. 弃方外运与处置的外运指运距 100m 以上的运输，100m 范围内的运输含在清单项目工作内容中。

c. 本清单项目适用尖峰、基面、排洪（水）沟、护坡、挡土（水）墙等开挖的余方外运及处置，不适用泥浆的外运与处置。

d. 核实当地环保政策，因政策变化引起的运输方式发生改变时，据实结算。

（七）措施项目

（1）单价措施项目应依据合同约定按图纸及实际工程量据实调整，措施项目综合单价不作调整。

（2）总价措施项目应依据合同约定按实际发生情况结算，如未发生则不予计取。

结算时应提供专项措施方案、现场照片及其他支撑资料。

（1）SG01 临时围堰。

1）审核依据：

a. 施工方案。

b. 现场施工影像资料。

c. 工程量确认单。

2）审核要点：

a. 按设计或施工组织设计图示数量，以"基"计算。

b. 根据地质勘察报告和现场资料核实水深范围。

（2）SG02 施工降水。

1）审核依据：

a. 施工方案。

b. 现场施工影像资料。

c. 工程量确认单。

2）审核要点：

a. 按设计数量，以"基"计算。

b. 本清单仅适用于地下工程施工时，出现地下水需采用井点设备降水的项目，不适用由于降雨或其他地表水引发的基坑排水。

（3）SG03 钢板桩围护。

1）审核依据：

a. 施工方案。

b. 现场施工影像资料。

c. 工程量确认单。

2）审核要点：

a. 按设计图示尺寸，以质量"t"计算。

b. 重新组价时，可参考定额相关说明：当钢板桩、钢管桩重复利用，每打入一次按照 20%桩消耗量计算桩材料费。定额综合考虑了桩维修、桩占用时间，执行定额时不作调整。

（4）SG04 打拔木桩。

1）审核依据：

a. 设计文件。

b. 现场施工影像资料。

c. 工程量确认单。

2）审核要点：

a. 按设计文件或施工组织设计图示数量，以体积"m³"计算。

b. 重新组价时，综合单价中已综合考虑土质类型，土质不同时不做调整；定额按打、拔松木桩设置，如不考虑拔桩，定额乘以 0.8 系数。

（5）SG05 施工道路。

1）审核依据：

a. 施工方案。

b. 现场施工影像资料。

c. 工程量确认单。

2）审核要点：

按设计文件或施工组织设计图示数量，以面积"m²"计算。

二、陆上电缆线路工程分部分项清单费用

（一）陆上电缆线路建筑工程

1. 土石方工程

（1）SA01 土石方开挖及回填。

1）审核依据：

a. 设计文件。

b. 岩土工程勘测报告。

c. 隐蔽工程验收资料。

2）审核要点：

a. 按设计图示尺寸，以体积"m³"计算，体积为原地面线以下按构筑物最大水平投影面积乘以开挖深度（原地面平均标高至槽坑底标高）。

b. 计算基坑开挖深度时，应包含垫层的厚度；计算土石方开挖体积时，应按天然密实体积计算。

c. Q/GDW 11339—2023 中项目特征增加"开挖方式"描述，指人工开挖或机械开

挖。清单编制时也可不具体指明，但应注明由投标人根据施工现场实际情况自行综合考虑。

d. 清单工作内容包含支撑搭拆，不包含余土外运及处理，淤泥、流砂、岩石土石方开挖及回填工程量均按不放坡计算。

e. 清单工作内容包含原土回填，其他材料回填执行辅助工程清单项目。

f. 结算时需要对基础土石方的地质类别进行确定，基础土石方地质类别应按地质勘察报告确定。如地质类别判断存在争议，地质勘察单位应出具地勘与定额中土石分类对照说明，作为结算依据；也可参考执行国家电网有限公司电力建设定额站《输变电工程定额土质与勘察地质分类应用指导意见（试行）》（GDFY-2023-05）。

g. 各类土、石质不做分层计算。根据地质勘察报告，当同一坑、槽、沟内出现两种或两种以上不同土石质时，一般选用含量较大的一种确定其类型。当出现流砂层时，不论其他土质占多少，全坑按流砂坑计算；当出现地下水涌出时，全坑按水坑计算，同时需要施工单位提供专项降水措施方案、影像资料作为结算支撑资料。如专项降水施工费用已单独计列的，该坑、槽、沟开挖土质类型按照普通土计算。

h. 因地质勘查期与施工期不同，水坑土质结算时一般需办理签证，支撑资料包括降水方案、照片等影像资料。

（2）SA02 开挖路面。

1）审核依据：

a. 设计文件。

b. 现场影像资料。

2）审核要点：

a. 按设计图示尺寸，以面积"m²"计算。

b. DL/T 5205—2021 项目特征描述含"开挖方式"，审核时应区分人工和机械开挖方式。

c. Q/GDW 11339—2023 工作内容增加"路基开挖"。

（3）SA03 修复路面。

1）审核依据：

a. 设计文件。

b. 现场影像资料。

2）审核要点：按设计图示尺寸，以面积"m²"计算。

2．砌体工程——SB01 砖砌体

（1）审核依据：设计文件。

（2）审核要点：按设计图示尺寸，以实体体积"m³"计算。

3．混凝土工程

（1）SC01 混凝土浇筑。

1）审核依据：设计文件。

2）审核要点：

a．按设计图示尺寸，以实体体积"m³"计算。

b．DL/T 5205—2021 项目特征为"浇筑部位、断面尺寸"描述；Q/GDW 11339—2023 项目特征为"名称、型号"描述。"名称"指电缆沟、浅槽、排管、工井等部位，"型号"指前述构筑物的设计图示尺寸。

c．注意排管部位混凝土浇筑工程量应扣除内衬管所占体积。

d．清单工作内容已包含伸缩缝、变形缝制作、安装。

（2）SC02 垫层。

1）审核依据：

a．设计文件。

b．混凝土配合比检测报告。

2）审核要点：按设计图示尺寸，以实体体积"m³"计算。

（3）SC03 预制混凝土构件。

1）审核依据：设计文件。

2）审核要点：

a．按设计图示尺寸，以实体体积"m³"计算。

b．DL/T 5205—2021 项目特征为"构件部位及尺寸、安装高度"描述；Q/GDW 11339—2023 项目特征为"型式及尺寸"描述。

c．Q/GDW 11339—2023 工作内容增加"钢筋、铁件制作、安装"。

d．预制混凝土构件安装不包含揭、盖盖板。

（4）SC04 防水。

1）审核依据：设计文件。

2）审核要点：

a．按设计图示尺寸，以面积"m²"计算。

b. DL/T 5205—2021 项目特征包括"防水方式"描述。

4. 钢筋工程

SD01 钢筋、SD02 预埋铁件、SD03 钢构件。

1）审核依据：设计文件。

2）审核要点：按设计图示数量，以质量"t"计算。

5. 电缆埋管工程

（1）SE01 排管敷设。

1）审核依据：设计文件。

2）审核要点：按设计图示管道中心线长度"m"（扣除工井等附属构筑物所占长度），以单孔总长度计算。

（2）SE02 水平导向钻进。

1）审核依据：设计文件。

2）审核要点：

a. 按设计图示长度"m"（含弧长，扣除工井等附属构筑物所占长度），以长度计算。

b. 清单工作内容综合考虑了工作坑、泥浆池的开挖、回填，不能由于施工方法的不同而调整。

c. Q/GDW 11339—2023 项目特征增加了"根数、最大扩孔直径、外套管材质、规格、直径"描述，并增加"泥浆池挖填、外运及处置"工作内容。

d. 型式指单管或者多管。

e. 项目特征变化重新组价时，单管敷设子目按管材直径划分，按设计长度计算（含弧度）；多管敷设子目按集束最大扩径直径划分，按设计长度计算（含弧度）。

（3）SE03 顶电缆保护管。

1）审核依据：设计文件。

2）审核要点：

a. 按设计图示长度"m"（扣除工井等附属构筑物所占长度），以单孔总长度计算。

b. 本清单综合考虑了工作坑、泥浆池的开挖、回填，不能由于施工方法的不同而调整。

c. Q/GDW 11339—2023 增加"泥浆池挖填、外运及处置"工作内容。

6. 隧道工程

隧道工程清单项目设置、项目特征描述的内容、计量单位及工程量计算规则，执行《市政工程工程量计算规范》（GB 50857—2013）相应工程量清单项目；相配套的通风、水、照明、消防，执行《通用安装工程工程量计算规范》（GB 50856）相应工程量清单项目。

7. 栈桥工程

（1）SG01 混凝土栈桥。

1）审核依据：设计文件。

2）审核要点：

a. 按设计图示尺寸，以体积"m³"计算。

b. DL/T 5205—2021 项目特征有"断面形式"描述。

（2）SG02 钢结构栈桥。

1）审核依据：设计文件。

2）审核要点：按设计图示数量，以质量"t"计算。

8. 工井工程

（1）SH01 砌筑检查井、SH02 混凝土检查井。

1）审核依据：设计文件。

2）审核要点：

a. 按设计图示数量，以"座"计算。

b. DL/T 5205—2021 工作内容中包括"爬梯制作、安装"；Q/GDW 11339—2023 单独计列在"预埋铁件"清单项中。

（2）SH03 沉井。

1）审核依据：设计文件。

2）审核要点：按设计图示数量，以"座"计算。

（3）SH04 集水井。

1）审核依据：设计文件。

2）审核要点：

a. 按设计图示数量，以"座"计算。

b. 本清单项适用于单独设置或成品采购埋置集水井。电缆沟、隧道及工井内配置的集水坑（井），工作内容包含在电缆沟、隧道及工井清单项目中。

（4）SH05 井筒。

1）审核依据：设计文件。

2）审核要点：按设计图示尺寸，以井筒长度"m"计算。

（5）SH06 电力井盖。

1）审核依据：设计文件。

2）审核要点：按设计图示数量，以"套"计算。

9. 辅助工程

（1）SJ01 栏杆、栅栏、围栏、围墙。

1）审核依据：设计文件。

2）审核要点：按设计图示尺寸，以面积"m²"计算，面积＝中心线长度×高度。高度从原始地面标高算至顶标高。

（2）SJ02 回（换）填。

1）审核依据：

a. 设计文件。

b. 岩土工程勘测报告。

c. 运距确认单。

2）审核要点：

a. 按设计图示尺寸，以体积"m³"计算。

b. Q/GDW 11339—2023 项目特征增加"地质类别、开挖深度"描述，工作内容增加"换填部位开挖"。需根据地质类别及深度考虑土方开挖费用。

c. 如项目特征描述备注运距或重新组价时，需办理运距确认单。

（3）SJ03 余方外运及处置。

1）审核依据：

a. 施工图设计文件。

b. 现场影像资料。

c. 工程量和运距确认单。

d. 政府环保相关政策。

2）审核要点：

a. DL/T 5205—2021 按挖方量清单项目工程量减利用回填方，以体积"m³"计算；Q/GDW 11339—2023 按设计或施工组织设计图示数量，以体积"m³"计算。

b. 如项目特征描述备注运距或重新组价时，需办理运距确认单。

c. 弃方外运与处置的外运指运距 100m 以上的运输，100m 范围内的运输含在清单工作内容中。

（4）J04 电缆标志牌、标志桩。

1）审核依据：设计文件。

2）审核要点：

a. DL/T 5205—2021 无此清单项，工作内容包含在相应的清单项中。

b. Q/GDW 11339—2023 单独设立清单项，按设计图示数量，以"块、处"计算。电缆标志牌（包括警示牌、命名牌等各类标志牌）、标志桩含基础挖方和浇制。

10. 措施项目

（1）SK01 轻型井点降水系统安拆。

1）审核依据：

a. 设计文件。

b. 经审批的施工组织设计。

2）审核要点：轻型井点降水系统安拆工程量以"根"为计量单位，根据施工组织设计确定。施工组织设计无规定时，按照 1.4m/根计算。

（2）SK02 井点降水系统安拆。

1）审核依据：

a. 设计文件。

b. 经审批的施工组织设计。

2）审核要点：

a. 喷射井点系统安拆工程量以"根"为计量单位，根据施工组织设计确定，施工组织设计无规定时，按照 2.5m/根计算。

b. 大口径井点系统安拆工程量以"根"为计量单位，1 根为一套，根据施工组织设计确定。

（3）SK03 基坑明排水降水系统运行。

1）审核依据：

a. 设计文件。

b. 经审批的施工组织设计。

c. 降水记录。

2）审核要点：基坑明排水降水系统运行工程量以"套·天"为计量单位，按照运行的排水泵数计算，每台运行的排水泵计算一套，累计运行 24h 计算一天。

（4）SK04 轻型井点降水系统运行。

1）审核依据：

a. 设计文件。

b. 经审批的施工组织设计。

c. 降水记录。

2）审核要点：轻型井点降水系统运行工程量以"套·天"为计量单位，按照 70m 长水平管网累计运行 24h 计算。

（5）SK05 井点降水系统运行。

1）审核依据：

a. 设计文件。

b. 经审批的施工组织设计。

c. 降水记录。

2）审核要点：井点降水系统运行工程量以"套·天"为计量单位，每套是由一根管井与一台排水泵及排水管线构成，按照每根管井累计运行 24h 计算。

（6）SK06 施工道路。

1）审核依据：

a. 设计文件。

b. 经审批的施工方案。

c. 工程量确认单。

2）审核要点：按施工图设计或施工组织设计图示尺寸，以面积"m²"计算。

（二）陆上电缆线路安装工程

1. 电缆桥、支架制作安装

（1）SA01 电缆钢制桥架、SA02 电缆不锈钢桥架、SA03 电缆铝合金桥架、SA04 电缆复合桥架。

1）审核依据：设计文件。

2）审核要点：

a. 按设计图示数量，以质量"t"或长度"m"计算。

b. DL/T 5205—2021 规定根据桥架材质分别列清单项；Q/GDW 11339—2023 项目特征增加"材质、规格"描述，不同材质桥架在项目特征中进行划分。

c. 该清单按照成品安装考虑，不计列桥架制作费用。

（2）SA05 电缆钢支架、SA06 电缆不锈钢支架、SA07 电缆复合支架。

1）审核依据：设计文件。

2）审核要点：

a. 按设计图示数量，以质量"t"或数量"副"计算。

b. DL/T 5205—2021 规定根据支架材质分别列清单项；Q/GDW 11339—2023 项目特征增加"材质、规格"描述，不同材质支架在项目特征中进行划分。

c. 该清单按照成品安装考虑，不计列支架制作费用。

2. 电缆敷设

（1）SB01 直埋敷设。

1）审核依据：

a. 设计文件。

b. 物资结算资料。

2）审核要点：

a. 按设计图示尺寸，以长度"m"计算，计量单位"m"指单芯电缆为"m/单相"，三芯电缆为"m/三相"。

b. DL/T 5205—2021 工作内容包括"沟槽土方开挖、排水、充砂、盖保护板、土方回填"；Q/GDW 11339—2023 中，以上内容均单列清单项。

c. Q/GDW 11339—2023 项目特征无"电缆封堵"描述，此项内容在"电缆防护"清单项中。

d. 电缆敷设的长度以设计材料清册的计算长度为依据，包括波形敷设、接头制作和两端预留弯头等附加长度，应与物资量相符。

e. 清单工作内容包含沟槽清理、电缆绝缘电阻测量试验、护层耐压试验、标桩埋设。

（2）SB02 揭、盖盖板。

1）审核依据：设计文件。

2）审核要点：

a. 按设计图示数量，以"块"计算。

b. 揭、盖盖板是指电缆沟道预制盖板的揭和盖，计量单位"块"是按一揭一盖为一次考虑。

c. Q/GDW 11339—2023 项目特征增加"是否单揭或单盖"描述。

（3）SB03 电缆沟、浅槽敷设。

1）审核依据：

a. 设计文件。

b. 物资结算资料。

2）审核要点：

a. 按设计图示尺寸，以长度"m"计算。

b. Q/GDW 11339—2023 项目特征无"电缆封堵"描述，此项内容在"电缆防护"清单项中。

c. 电缆敷设的长度以设计材料清册的计算长度为依据，包括波形敷设、接头制作和两端预留弯头等附加长度，应与物资量相符。

d. 清单工作内容包含沟槽清理、电缆绝缘电阻测量试验、护层耐压试验、充油电缆供油装置安装。

（4）SB04 埋管内敷设。

1）审核依据：

a. 设计文件。

b. 物资结算资料。

2）审核要点：

a. 按设计图示尺寸，以长度"m"计算。

b. Q/GDW 11339—2023 项目特征无"电缆封堵"描述，此项内容在"电缆防护"清单项中。

c. 电缆敷设的长度以设计材料清册的计算长度为依据，包括波形敷设、接头制作和两端预留弯头等附加长度，应与物资量相符。

d. 清单工作内容包含管路疏通、电缆绝缘电阻测量试验、护层耐压试验。

（5）SB05 隧道内敷设。

1）审核依据：

a. 设计文件。

b. 物资结算资料。

2）审核要点：

a. 按设计图示尺寸，以长度"m"计算。

b. Q/GDW 11339—2023 项目特征无"电缆封堵"描述，此项内容在"电缆防护"清单项中。

c. 电缆敷设的长度以设计材料清册的计算长度为依据，包括波形敷设、接头制作和两端预留弯头等附加长度，应与物资量相符。

d. 清单工作内容包含充油电缆供油装置安装、电缆绝缘电阻测量试验、护层耐压试验。

（6）SB06 盾构隧道内敷设。

1）审核依据：

a. 设计文件。

b. 物资结算资料。

2）审核要点：

a. 按设计图示尺寸，以长度"m"计算。

b. Q/GDW 11339—2023 无此清单项。

c. 电缆敷设的长度以设计材料清册的计算长度为依据，包括波形敷设、接头制作和两端预留弯头等附加长度，应与物资量相符。

d. 清单工作内容包含隧道内电缆空走敷设、充油电缆供油装置安装、电缆绝缘电阻测量试验、护层耐压试验。

（7）SB07 桥架内敷设、SB08 栈桥内敷设。

1）审核依据：

a. 设计文件。

b. 物资结算资料。

2）审核要点：

a. 按设计图示尺寸，以长度"m"计算。

b. Q/GDW 11339—2023 项目特征无"电缆封堵"描述，此项内容在"电缆防护"清单项中。

c. 电缆敷设的长度以设计材料清册的计算长度为依据，包括波形敷设、接头制作和两端预留弯头等附加长度，应与物资量相符。

d. 清单工作内容包含电缆绝缘电阻测量试验、护层耐压试验。

（8）SB09 测温光纤敷设。

1）审核依据：

a. 设计文件。

b. 物资结算资料。

2）审核要点：

a. 按设计图示尺寸，以长度"m"计算。

b. 测温光纤敷设是指单独敷设的测温光纤。工作内容包含单盘测量、光纤接续、光纤测试，避免重复结算该费用。

3. 电缆附件

（1）SC01 电缆终端。

1）审核依据：

a. 设计文件。

b. 物资结算资料。

2）审核要点：

a. DL/T 5205—2021 按设计图示数量，以"套/三相""套/二相"计算；Q/GDW 11339—2023 按设计图示数量，交流线路工程以"套/三相"计算，直流线路工程以"套/两极"计算。

b. 清单工作内容包含挂牌、防腐、搭拆工作棚费用。

c. 电缆终端的工作内容不包含 110kV 及以上 GIS 终端、变压器终端的 SF_6 气体的收、充气。

d. 安装工程量应与物资量相符。

（2）SC02 中间接头。

1）审核依据：

a. 设计文件。

b. 物资结算资料。

2）审核要点：

a. DL/T 5205—2021 按设计图示数量，以"套/三相""套/二相"计算；Q/GDW 11339—2023 按设计图示数量，交流线路工程以"套/三相"计算，直流线路工程以"套/两极"计算。

b. 清单工作内容包含挂牌、防腐、搭拆工作棚费用。

c. 安装工程量应与物资量相符。

（3）SC03 接地装置。

1）审核依据：

a. 设计文件。

b. 物资结算资料。

2）审核要点：

a. 按设计图示数量，单相时以"套"计算，三相时以"套/三相"计算。

b. 接地装置包括直接接地箱、护层保护器、护层保护器接地箱、交叉互联箱等。

c. 清单工作内容包括接地电阻测定。

d. 安装工程量应与物资量相符。

（4）SC04 接地电缆敷设。

1）审核依据：

a. 设计文件。

b. 物资结算资料。

2）审核要点：

a. 按设计图示尺寸，以长度"m"计算。

b. 安装工程量应与物资量相符。

（5）SC05 接地极。

1）审核依据：设计文件。

2）审核要点：

a. 按设计图示数量，以"根"计算。

b. 清单工作内容包含接地材料加工制作、接地电阻测定。

（6）SC06 接地体敷设。

1）审核依据：设计文件。

2）审核要点：

a. 按设计图示尺寸，以长度"m"计算。

b. 清单工作内容包含接地材料加工制作、接地电阻测定费用，降阻材料安装。

（7）SC07 避雷器。

1）审核依据：

a. 设计文件。

b. 物资结算资料。

2）审核要点：

a. 按设计图示数量，以"组/三相"计算。

b. 清单工作内容包含本体及连引线安装、电缆信号箱、放电计数器安装、接地、试验。

c. 安装结算量应与物资量相符。

（8）SC08 支持绝缘子。

1）审核依据：

a. 设计文件。

b. 物资结算资料。

2）审核要点：

a. 按设计图示数量，以"柱"计算。

b. 清单工作内容包含接地、试验费用。

c. 安装工程量应与物资量相符。

4. 电缆防火及防护

（1）SD01 电缆防护。

1）审核依据：设计文件。

2）审核要点：

a. 按设计图示数量计算：防火带、防火槽以长度"m"计算；防火涂料、防火墙、防火隔板、防火门以面积"m²"计算；防火弹和接头保护盒以"个"计算；孔洞防火封堵以质量"t"计算。

b. 电缆防护包括电缆的防火、防水、防爆等。项目特征中"形式"指防火带、防火槽、防火涂料、防火弹、防火墙、孔洞防火封堵、防火隔板等。

c. Q/GDW 11339—2023 增加"充砂、涂刷"工作内容，充砂以体积"m³"计算。

（2）SD02 电缆保护管。

1）审核依据：设计文件。

2）审核要点：

a. 按设计图示尺寸，以长度"m"计算。

b. 电缆保护管适用于局部电缆保护，如电缆过路保护管、引上电缆保护管等，需区别于穿管敷设。

5．调试与试验

（1）SE01 电缆护层试验。

1）审核依据：

a．设计文件。

b．试验报告。

2）审核要点：

a．按设计图示数量，以"互联段/三相"计算。

b．电缆护层试验包含摇测绝缘电阻、护层耐压、交叉互联系统试验等。

（2）SE02 电缆耐压试验。

1）审核依据：

a．设计文件。

b．试验报告。

2）审核要点：

a．按设计图示数量，以"回路"计算。

b．电缆耐压试验分电缆主绝缘直流耐压试验和电缆主绝缘交流耐压试验。

（3）SE03 电缆参数试验。

1）审核依据：

a．设计文件。

b．试验报告。

2）审核要点：

a．按设计图示数量，以"回路"计算。

b．电缆参数试验包含测量线路干扰、波阻抗试验。

（4）SE04 充油电缆绝缘油试验。

1）审核依据：

a．设计文件。

b．试验报告。

2）审核要点：

a．按设计图示数量，以"瓶"或"油段/三相"计算。

b．充油电缆绝缘油试验包含介质损失试验，耐压试验、含气量及油流检查，油色谱分析试验。

（5）SE05 电缆局部放电试验。

1）审核依据：

a. 设计文件。

b. 试验报告。

2）审核要点：

a. 按设计图示数量，以"回路"或"只"计算。35kV 电缆采用 OWTS 振荡波局部放电试验，以"回路"为计量单位，110（66）kV 以上电缆采用高频分布式局部放电试验，按电缆接头、终端数量计算，以"只"为计量单位。

b. 线路由多段电缆构成且不连续时（如电缆—架空—电缆等形式），35kV 电缆局部放电试验回路数按电缆线路段数计算。

（6）SE06 输电线路试运。

1）审核依据：

a. 设计文件。

b. 试验报告。

2）审核要点：

a. 按设计图示数量，以"回路"计算。

b. 输电线路试运包含电流、电压、测量、保护合环同期回路检查，冲击合闸实验，试运行。

6. 电缆监测（控）系统

（1）SF01 在线监测。

1）审核依据：

a. 设计文件。

b. 物资结算资料。

2）审核要点：

a. 按设计图示数量，以"套"或"台"计算。

b. 清单工作内容包含设备安装、接线调试、联调。

c. 安装结算量应与物资量相符。

（2）SF02 安保监测。

1）审核依据：

a. 设计文件。

b. 物资结算资料。

2）审核要点：

a. 按设计图示数量，以"套"或"台"计算。

b. 清单工作内容包含设备安装、接线调试、联调。

c. 安装结算量应与物资量相符。

7. 辅助工程——SG01 电缆三维测量

（1）审核依据：三维测量委托合同及成果文件。

（2）审核要点：

1）按设计图示数量，以路径长度"m"计算。

2）工作内容包含测量电缆路径、孔位、截面、型号、接头位置、电站位置、电杆位置、电缆铭牌、电缆仓位等。

8. 措施项目

单价措施项目应依据合同约定按施工图及实际工程量据实调整，措施项目综合单价不做调整。

总价措施项目应依据合同约定按实际发生情况结算，如未发生则不予计取。结算时应提供专项措施方案、现场照片以及其他支撑资料。

（1）SH01 电缆加热。

1）审核依据：

a. 设计文件。

b. 物资结算资料。

c. 施工方案、监理日志。

d. 气象资料。

e. 工程量确认单。

2）审核要点：

a. 按设计图示数量，以"盘"计算。

b. 根据气象资料，在环境温度低于电缆施工规范要求的最低环境温度情况下继续电缆敷设作业的，需对电缆进行预热、保温的，按实际加热电缆盘数计算。

（2）SH02 电缆 GIS 头辅助工作（电缆穿仓）。

1）审核依据：

a. 施工组织设计。

b. 试验报告。

c. GIS 穿仓辅材、SF_6 气体采购合同。

d. 工程量确认单。

2）审核要点：

a. 按技术方案要求，以"间隔"计算。

b. 工作内容包含抽气、充气、试验费用。

c. 核实本期 GIS 是否新上设备，查看 GIS 原厂家采购合同中技术服务范围和期限，避免重复结算。

（3）SH03 空调机、去湿机安装与拆除。

1）审核依据：

a. 设计文件或工程量确认单。

b. 施工技术方案。

2）审核要点：按技术方案要求，以"处"计算。

（4）SH04 特殊工作棚。

1）审核依据：

a. 设计文件或工程量确认单。

b. 施工技术方案。

2）审核要点：

a. 按技术方案要求，以"项"计算。

b. 特殊工作棚适用安装电缆头时，对工作棚的除尘、除湿等特殊要求的密封棚以及特殊要求的电缆加热防护棚。

（5）SH05 临时支架（终端塔平台）搭、拆。

1）审核依据：

a. 设计文件或工程量确认单。

b. 施工技术方案。

2）审核要点：按技术方案要求，以"处"计算。

三、其他项目费用

1. 暂列金额

（1）审核依据：

1）施工合同。

2）合同价格调整事项支撑资料。

（2）审核要点：暂列金额是指发包人在工程量清单或预算书中暂定并包括在合同价格中的一笔款项，用于工程施工合同签订时尚未确定或者不可预见的所需材料、工程设备、服务的采购，当施工中可能发生的工程变更、合同约定调整因素出现时的合同价格调整及发生的索赔等的费用。暂列金额只有按照合同约定实际发生后，才能成为承包人的结算金额，纳入工程合同结算价款中。

2. 暂估价

（1）审核依据：

1）施工合同。

2）材料设备或专业工程价格支撑资料。

（2）审核要点：暂估价是指发包人在工程量清单或预算书中提供的，用于支付在施工过程中必然发生但在工程合同签订时暂不能确定价格的材料、工程设备的单价和专业工程暂估价。

1）在招标工程量清单中给定暂估价的材料、设备属于依法必须招标的，由发承包双方以招标的方式选择供应商，确定其价格并以此调整合同价款。

2）在招标工程量清单中给定暂估价的材料、设备不属于依法必须招标的，由承包人按照合同约定采购，经发包人确认后以此调整合同价款。

3）在招标工程量清单中给定暂估价的专业工程，依法必须招标的，应当由发承包双方依法组织招标选择专业分包人，以专业工程分包中标价为依据取代专业工程暂估价，调整合同价款。

4）在招标工程量清单中给定暂估价的专业工程不属于依法必须招标的，应按照计价规范或合同约定确定专业工程价款，并以此为依据取代专业工程暂估价，调整合同价款。

3. 计日工

（1）审核依据：

1）施工合同。

2）计日工支撑资料。

（2）审核要点：计日工是指在施工过程中，承包人完成发包人提出零星项目、零星工作或需要采用计日工单价方式计价的变更工作，依据经发包人确认的实际消耗的人工、材料、施工机具台班的数量，按合同中约定的单价计价的一种方式。

竣工结算应明确实际发生人工、材料、施工机械台班数量为完成合同外零星项目所发生的数量，依据发包人实际签证的数量、投标时的计日工单价，以及确认的事项进行结算。

在合同外零星项目完成后，发包人应按照确认的计日工现场签证报告核实零星项目工作名称、内容和数量，确保签批手续齐全，包括以下内容：

1）投入该工作的人数、工种、级别和耗用工时。

2）投入该工作的材料名称、类别和数量。

3）投入该工作的施工设备型号、台数和耗用台时。

4）其他资料和凭证。

4. 总承包服务费

（1）审核依据：施工合同。

（2）审核要点：总承包服务费是指总承包人配合协调发包人进行专业工程发包，以及对非总承包人承包范围的工程提供配合协调、施工现场管理、竣工资料汇总整理等服务所需的费用。

依据合同约定的结算方式进行结算，以总价形式确定的总承包服务费不予调整；以费率形式确定的总承包服务费，应按专业分包工程中标价或发包人、承包人与分包人最终确定的分包工程价为基数和总承包单位的投标费率计算总承包服务费。

四、合同允许调整费用

1. 法律法规变化

（1）审核依据：

1）施工合同。

2）政府及行业主管部门发布涉及法律法规内容修改、废止、新增等变动的规范性文件。

（2）审核要点：招标工程以投标截止日前 28 天，非招标工程以合同签订前 28 天为基准日，其后国家的法律、法规、规章和政策发生变化引起工程造价增减变化的，发、承包双方应当按照施工合同约定、政府及行业建设主管部门发布的文件调整合同价款。

因承包人原因导致工期延误的，在合同工程原定竣工时间之后，合同价格调增的不予调整，合同价格调减的予以调整。因非承包人原因导致工期延误的，在合同工程原定竣工时间之后，合同价格调减的不予调整，合同价格调增的予以调整。

2．工程变更

（1）审核依据：

1）施工合同。

2）设计文件。

（2）审核要点：工程变更是指合同工程实施过程中由发包人提出，或由承包人提出经发包人批准的对合同工程的工作内容、工程数量、质量要求、施工顺序与时间、施工条件、施工工艺或其他特征及合同条件等的改变。

工程变更引起招标工程量清单项目或其工程量发生变化，发、承包双方应依据合同约定调整合同价款。若合同未有约定，可按照 DL/T 5745—2021 规定调整合同价款：

1）招标工程量清单中有适用于变更工程项目的，采用该项目的综合单价；但当工程变更导致该清单项目的工程量发生变化，并且工程量偏差超过±15%，该项目综合单价应按照工程量偏差相应规定进行调整。

2）招标工程量清单中没有适用但有类似于变更工程项目的，可在合理范围内参照类似项目的综合单价。

3）招标工程量清单中没有适用也没有类似于变更工程项目的，由承包人根据变更工程资料、计量规则和计价办法、工程造价管理机构发布的信息价格和承包人报价浮动率提出变更工程项目的综合单价，报发包人确认后调整。承包人报价浮动率可按下式计算

$$承包人报价浮动率 L=（1-中标价/招标控制价）\times 100\%$$

4）招标工程量清单中没有适用也没有类似于变更工程项目，且工程造价管理机构发布的信息价格缺价的，由承包人根据变更工程资料、计量规则、计价办法和通过市场调查等取得有合法依据的市场价格提出变更工程项目的综合单价，报发包人确认后调整。

工程变更引起施工方案改变，并使措施项目发生变化的，承包人提出调整措施项目费的，应事先将拟实施的方案提交发包人确认，并详细说明与原方案措施项目相比的变化情况。拟实施的方案经发、承包双方确认后执行，双方依据合同约定调整合同价款。若合同未有约定，可按照 DL/T 5745—2021 规定调整措施项目费用：

1）安全文明施工费按照实际发生变化的措施项目依据国家规定的电力行业费用

计算标准执行，不得作为竞争性费用。

2）采用综合单价计算的措施项目费，按照实际发生变化的措施项目按工程变更相关规定确定综合单价。

3）按总价（或系数）计算的措施项目费，按照实际发生变化的措施项目调整，但应考虑承包人报价浮动因素，即调整金额按照实际调整金额乘以承包人报价浮动率计算。

3．项目特征描述不符

（1）审核依据：

1）施工合同。

2）设计文件。

（2）审核要点：结算时出现设计图纸（含设计变更）与招标工程量清单任一项目的特征描述不符，且该变化引起该项目的工程造价增减变化的，须根据实际施工的项目特征重新确定相应工程量清单项目的综合单价，调整合同价款。

4．工程量清单缺项

（1）审核依据：

1）施工合同。

2）设计文件。

（2）审核要点：结算时由于招标工程量清单缺项，新增分部分项工程量清单项目的，应按照施工合同工程变更相关规定确定综合单价，调整合同价款。由于招标工程量清单缺项，新增分部分项工程量清单后，引起措施项目发生变化的，应按照施工合同工程变更相关规定，在承包人提交的实施方案被发包人批准后，计算调整合同价款。

5．工程量偏差

（1）审核依据：

1）施工合同。

2）设计文件。

（2）审核要点：工程量偏差是指承包人按照合同工程的图纸（含经发包人批准由承包人提供的图纸）实施，按照现行电力行业计算规范规定的工程量计算规则计算得到的完成合同工程项目应予计量的工程量与相应的招标工程量清单项目列出的工程量之间的量差。

合同履行期间，若实际工程量与招标工程量清单出现偏差，发承包双方应按照施工合同相关规定调整合同价款。若合同未有明确约定的，可按照 DL/T 5745—2021 规定调整：

1）对于任一招标工程量清单项目，如因工程量偏差和工程变更等原因导致工程量偏差超过 15%，调整的原则为：当工程量增加 15% 以上时，其增加部分的工程量的综合单价应予调低；当工程量减少 15% 以上时，减少后剩余部分的工程量的综合单价应予调高。此时，按下式调整结算分部分项工程费。

当 $Q_1 > 1.15Q_0$ 时，$S = 1.15Q_0P_0 + (Q_1 - 1.15Q_0)P_2$；当 $Q_1 < 0.85Q_0$ 时，$S = Q_1P_2$。

式中　S——调整后的某一分部分项工程费结算价；

Q_1——最终完成的工程量；

Q_0——招标工程量清单中列出的工程量；

P_2——按照最终完成工程量重新调整后的综合单价；

P_0——承包人在工程量清单中填报的综合单价。

2）如果工程量发生变化且该变化引起相关措施项目相应发生变化，如按总价项目（或系数）计价的，工程量增加的措施项目费调增，工程量减少的措施项目费调减。

6. 现场签证

（1）审核依据：

1）施工合同。

2）现场签证审批单、附件等。

（2）审核要点：现场签证是指发包人现场代表（或其授权人）与承包人现场代表（或其授权人）就施工过程中涉及的责任事件所作的签认证明。

现场签证需确保真实地反映实际情况，同时其依据的合同条款、法律法规及技术规范等必须准确无误且有效。在审核签证时，应仔细核查所描述的工程内容，包括工程数量、规格型号、施工工艺等细节，确保信息的准确性。此外，还需审核签证中的工程量计算是否准确无误，单价及取费标准是否合理，并确保所有费用计算均符合合同相关规定。签证的提出及审批工作应在事件发生后按照合同约定及相关规定和程序要求完成，以确保签证信息的时效性和准确性。

7. 物价变化

（1）审核依据：

1）施工合同。

2）定额价格水平调整文件。

3）地方性材料信息价。

（2）审核要点：合同履行期间，因人工、材料、设备、施工机械台班价格波动影响合同价款时，发、承包双方应依据合同约定调整合同价款，由发包人复核、确认调整的单价和数量，作为调整合同价款差额的依据。若合同未有约定，可按照 DL/T 5745—2021 规定调整：

1）定额人工费、材料费、机械费调整。

a. 定额人工费按照电力工程造价与定额管理总站发布的电力建设工程概预算定额年度价格水平调整文件进行调整。

b. 定额材料费的变化超过基准价±5%（不含±5%）时，按照电力工程造价与定额管理总站发布的电力建设工程概预算定额年度价格水平调整文件，超出部分给予调整。

c. 定额机械费的变化超过基准价±10%（不含±10%）时，按照电力工程造价与定额管理总站发布的电力建设工程概预算定额年度价格水平调整文件，超出部分给予调整。

2）地方性材料价格调整。承包人采购地方性材料施工期单价变化超过基准价±5%（不含±5%）时，超出部分给予调整。

3）发生合同工程工期延误时，应按照下列规定确定合同履行期用于调整的价格：

a. 因非承包人原因导致工期延误的，采用计划进度日期与实际进度日期两者的较高者。

b. 因承包人原因导致工期延误的，采用计划进度日期与实际进度日期两者的较低者。

8. 不可抗力

（1）审核依据：施工合同。

（2）审核要点：不可抗力是指发承包双方在签订合同时不可预见，在合同履行过程中不能避免且不能克服的自然灾害和社会性突发事件。

因不可抗力事件导致的人员伤亡、财产损失及其他费用增加，应依据合同约定作为调整合同价款差额的依据。若合同未有约定，发承包双方可按照 DL/T 5745—2021 规定调整合同价款和工期。

1）永久工程、已运至施工现场的材料和工程设备的损坏，以及因工程损坏造成的第三方人员伤亡和财产损失由发包人承担。

2）承包人施工设备的损坏由承包人承担。

3）发包人和承包人承担各自人员伤亡和财产的损失。

4）因不可抗力影响承包人履行合同约定的义务，已经引起或将引起工期延误的，应当顺延工期，由此导致承包人停工的费用损失由发包人和承包人在合同事先约定合理分担办法，但停工期间必须支付的施工场地必要的人员工资由发包人承担。

5）因不可抗力引起或将引起工期延误，发包人要求赶工的，由此增加的赶工费用由发包人承担。

6）承包人在停工期间按照发包人要求照管、清理和修复工程的费用由发包人承担。

7）因不可抗力解除合同的，按合同约定条款办理。

9. 提前竣工（赶工）补偿

（1）审核依据：

1）施工合同。

2）进度计划、施工日志、监理日志等相关资料。

（2）审核要点：提前竣工（赶工）补偿是指承包人应发包人的要求而采取加快工程进度的措施，使合同工程整个工期缩短，由此产生的应由发包人支付的费用。

发包人要求提前竣工（赶工）的，费用由发包人承担。承包人自行赶工的，费用由承包人承担。应根据合同中约定的提前竣工（赶工）费用计算方法和补偿金额在结算时调整该费用。

10. 误期补偿

（1）审核依据：

1）施工合同。

2）进度计划、施工日志、监理日志等相关资料。

（2）审核要点：误期补偿是指承包人未按照合同工程的计划进度施工，导致实际工期超过合同整个工期（包括经发包人批准的延长工期），承包人应向发包人赔偿损失发生的费用。应依据合同约定的相应条款计算误期赔偿费金额，在竣工结算款中扣除。承包人支付误期赔偿费的同时，也不能免除应承担的任何责任和应履行的任何义务。

在工程竣工之前，合同工程内的某单项（位）工程已通过了验收，且该单项（位）工程竣工日期并未延误，而是合同工程的其他部分产生了工期延误时，误期赔偿费应按照已完单项（位）工程造价占合同价格的比例幅度予以扣减。

11. 索赔

（1）审核依据：

1）施工合同。

2）现场签证审批单、附件等。

（2）审核要点：索赔是指在工程承包合同履行中，当事人一方因非己方的原因而遭受经济损失和（或）工期延误，按合同约定或法规规定，应由对方承担责任，从而向对方提出工期和（或）费用补偿要求的行为。索赔意向通知需在事件发生后 28 天内提交，逾期将导致权利丧失。索赔事件的证据需具备关联性与完整性，形成完整链条。索赔费用应依据发承包双方确认的方式计算。索赔事件产生的费用在办理竣工结算时应在其他项目费中予以反映。

第二节　甲供物资费用结算审核要点

一、架空输电线路工程

1. 审核依据

（1）设计文件。

（2）物资采购合同及结算资料。

2. 审核要点

架空输电线路工程甲供物资主要包括塔材、线材、绝缘子、金具、防坠落装置、地脚螺栓（不包括箍筋）、在线监测装置等。依据设计文件、甲供物资采购合同及台账等，确定甲供物资费用。甲供材料损耗率按照定额规定或者招标文件要求确定。

塔材采购数量以竣工图设计用量计入结算。线材采购数量以竣工图设计用量计入结算，线材设计重量已包含架空线路工程导线弧垂、跳线材料重量。地脚螺栓（不包括箍筋）、防坠落装置、绝缘子、金具串、保护金具、在线监测装置等采购数量以竣工图设计用量计入结算。

甲供物资单价依据采购合同、发票据实计列，审核合同单价包含内容（备品备件、专用工器具等），避免费用重复计列或遗漏。存在结余物资时，结余物资按照物资退库、移交生产及物资报废等方式进行处理。

二、陆上电缆输电线路工程

1. 审核依据

（1）设计文件。

（2）物资采购合同及结算资料。

2. 审核要点

陆上电缆输电线路工程甲供物资主要包括电缆桥架及支架、电力电缆、电缆终端、电缆中间接头、接地装置、支柱绝缘子、避雷器等。依据设计文件、甲供物资采购合同及台账等，确定甲供物资费用。

电力电缆采购数量以竣工图设计用量计入结算。电力电缆设计用量包括波形敷设，接头制作和两端预留弯头等附加长度。电缆桥架及支架、电缆终端、电缆中间接头、接地装置、支柱绝缘子、避雷器采购数量以竣工图设计用量为准。

甲供物资单价依据采购合同、发票据实计列，审核合同单价包含内容（备品备件、专用工器具等），避免费用重复计列或遗漏。存在结余物资时，结余物资按照物资退库、移交生产以及物资报废等方式进行处理。

第三节　其他费用结算审核要点

其他费用主要包括建设场地征用及清理费、项目建设管理费、项目建设技术服务费、生产准备费等。

一、建设场地征用及清理费

建设场地征用及清理费中的施工临时占地青苗赔偿、施工场地租用及赔偿费、牵张场地租用及赔偿费、材料站租赁费、运输道路等赔偿费用一般由施工单位负责，计入施工费用。永久占地赔偿、线路走廊障碍物迁移补偿费（房屋拆迁、林木赔偿、"三线"迁移、厂矿拆迁等）、输电线路跨越补偿费、通信设施防输电线路干扰措施费、水土保持补偿费等赔偿费用，一般由属地公司负责。

施工单位负责的建场费应依据发承包双方签订的施工合同及招标文件要求、设计文件等资料结算。施工单位应提供必要的支撑资料，包括赔偿协议（含费用明细）、支付凭证、发票或收据等。

属地公司负责的房屋拆迁、林木赔偿、"三线"迁移、厂矿拆迁等赔偿，应依据设计文件和当地政府发布的赔偿标准进行审核。属地公司应提供必要的支撑资料，包括赔偿协议（含费用明细）、支付凭证、发票或收据等。森林植被恢复费按照林业主管部门森林植被恢复费缴纳通知单进行审核，并提供银行转账凭证。水土保持补偿费应按照行政主管部门出具的缴纳通知单进行审核，并提供银行转账凭证。

二、项目建设管理费

1. 项目法人管理费结算

项目法人管理费是指项目管理机构在项目管理工作中发生的机构开办费及日常管理性费用。项目法人管理费根据建设管理单位要求，按照合同金额或相关规定计列。

2. 招标费结算

招标费是指按招投标法及有关规定开展招标工作，自行组织或委托具有资格的机构编制审查技术规范书、最高投标限价、标底、工程量清单等招标文件的前置文件，以及委托招标代理机构进行招标所需要的费用。招标费主要包括施工招标工程量清单及控制价编制审查费和施工招标代理服务费。

施工招标工程量清单及控制价编制审查费，按照合同金额计列。施工招标代理服务费，应按招标代理服务费缴费通知及发票金额计列。

3. 工程监理费结算

工程监理费是指依据国家有关规定和规程规范要求，项目法人委托工程监理机构对建设项目全过程实施监理所支付的费用，包括环境监理和水土保持监理所发生的费用。

工程监理费结算时应按照合同及补充协议金额计列。施工监理合同如约定按考核结果办理结算的，建设管理单位应提供考核结果，结算时应按照考核后的金额计列。

4. 设备材料监造费结算

设备材料监造费是指为保证工程建设所需设备材料的质量，按照国家行政主管部门颁布的设备材料监造（监制）管理办法的要求，项目法人或委托具有相关资质的机构在主要设备材料的制造、生产期间对原材料质量及生产、检验环节进行必要的见证、监督所发生的费用。设备材料监造费结算时应按照合同及补充协议金额计列。

5. 施工过程造价咨询及竣工结算审核费结算

施工过程造价咨询及竣工结算审核费是指依据国家有关法律、法规，根据工程合同和建设资料，项目法人单位组织工程造价专业人员或委托具有相关资质的咨询机构，自工程开工至竣工开展的施工过程造价咨询及工程竣工结算审核所发生的费用。

施工过程造价咨询及竣工结算审核费结算时，应按照造价咨询合同金额计列。咨询合同如约定按考核结果办理结算的，建设管理单位应提供考核结果，结算时应按照考核后的金额计列。

6. 工程保险费结算

工程保险费是指项目法人对项目建设过程中可能造成工程财产、安全等直接或间接损失的要素进行保险所支付的费用。

工程保险费结算时应按照保险合同及补充协议金额计列。当出现保险标的物类型或价值调整时，工程所缴纳的保费需随之调整，并进行合同变更。

三、项目建设技术服务费

1. 项目前期工作费结算

项目前期工作费是指项目法人在前期阶段进行分析论证、预可行性研究、可行性研究、规划选址或选线、方案设计、评审评价取得政府行政主管部门核准所发生的费用，以及项目核准后尚未完成的项目前期工作费用。项目前期工作费包括进行项目可行性研究、规划选址论证、用地预审论证、环境影响评价、劳动安全卫生预评价、地质灾害评价、地震灾害评价、水土保持方案编审、矿产压覆评估、林业规划勘测、文物普查、社会稳定风险评估、生态环境专题评估、防洪影响评价、航道通航条件评估等各项工作所发生的费用分摊在该工程中的电力系统规划设计咨询费与文件评审费，以及开展项目前期工作所发生的管理费用等。项目前期工作费结算时应按照合同、补充协议及调整说明等据实结算。

2. 知识产权转让与研究试验费结算

知识产权转让费是指项目法人在工程中使用专项研究成果、先进技术所支付的一次性转让费用；研究试验费是指为本建设项目提供或验证设计数据进行必要的研究试验所发生的费用，以及设计规定的施工过程中必须进行的研究试验所发生的费用。

知识产权转让与研究试验费结算时应按照合同金额计列。

3. 勘察设计费结算

勘察设计费是指对工程建设项目进行勘察设计所发生的费用，包括项目的各项勘探、勘察费用，初步设计费、施工图设计费、竣工图文件编制费，施工图预算编制费，以及设计代表的现场技术服务费。

勘察设计费包括勘察费和设计费。勘察费包括勘测费、海拉瓦优化选线、高清晰度卫片选线等；设计费包括基本设计费、施工图预算编制费、竣工图文件编制费等。

勘察设计费应依据服务委托合同及补充协议结算。勘察设计合同如约定按考核结果办理结算的，建设管理单位应提供考核结果，结算时应按照考核后的金额计列。

4. 设计文件评审费结算

设计文件评审费是指项目法人根据国家及行业有关规定，对工程项目的设计文件进行评审所发生的费用。设计文件评审费包括可行性研究文件评审费、初步设计文件评审费、施工图文件评审费。设计文件评审费结算时按合同金额计列。

5. 项目后评价费结算

项目后评价费是指根据国家行政主管部门的有关规定，项目法人为了对项目决策提供科学、可靠的依据，指导、改进项目管理，提高投资效益，同时为投资决策提供参考依据，完善相关政策，在建设项目竣工交付生产一段时间后，对项目立项决策、实施准备、建设实施与生产运营全过程的技术经济水平与产生的相关效益、效果、影响等进行系统性评价所支出的费用。

项目后评价费如在竣工结算阶段已完成合同签订的，结算时应按照合同金额计列。

6. 工程建设检测费结算

工程建设检测费是指根据国家行政主管部门及电力行业的有关规定，对工程质量、环境保护、水土保持、特种设备（消防、电梯、压力容器等）安装进行监测、检验、检测所发生的费用。工程建设检测费包括电力工程质量检测费、特种设备安全监测费、环境监测及环境保护验收费、水土保持监测及验收费、桩基检测费等。

工程建设检测费结算时应按照合同金额计列。

7. 电力工程技术经济标准编制费结算

电力工程技术经济标准编制费是指根据国家行政主管部门授权编制电力工程计价依据、标准、规范和规程等所发生的费用。电力工程技术经济标准编制费结算时按相关规定计列。

四、生产准备费

生产准备费结算时应按照生产运检部门印发的生产准备费使用计划或相关规定计列。通常情况下，架空线路新建工程中的标志牌采购费用在生产准备费计列，架空线路改造工程中更换的标志牌采购费用在甲供物资费用计列。

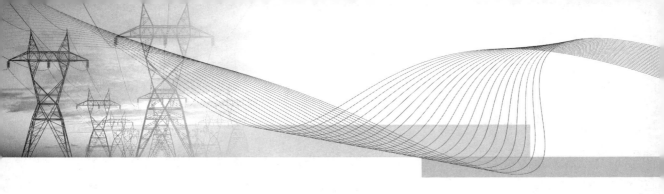

第四章 工程结算案例分析

对造价管理而言,工程结算案例分析可以助力准确把握计价规则、有效控制成本;在合同管理方面,能凸显合同条款重要性并规范变更管理;对于行业发展,既促进经验交流共享,又推动行业规范和标准的完善。本章总结归纳了输电线路工程分部分项清单费用及合同允许调整费用的相关案例,覆盖了主要的清单工程量计量、计价及费用计算方法,总结结算审核工作启示建议,从工程量计算到合同管理,层层递进,为工程造价的精准控制与合规审核提供指导。

第一节 架空输电线路工程分部分项清单费用案例分析

本节遴选了架空输电线路工程结算审核典型案例,包括板式基础挖方及回填、承台基础挖方及回填、挖孔基础挖方等,覆盖了架空输电线路工程主要分部分项清单计量和计价方法,明确结算审核关键点,包括开挖尺寸核对、地质分层划分、材料表与图纸一致性校验等,避免漏算或重复计算,为架空输电线路工程结算审核提供有效指导。

案例 1:板式基础挖方及回填

(1)案例描述:某 500kV 架空输电线路工程采用板式基础,详见图 4-1,计算单腿板式基础挖方工程量。根据基础尺寸,基础长度 3.4m、宽度 3.4m、基础埋深 3m,得出挖方工程量为 34.68m³。

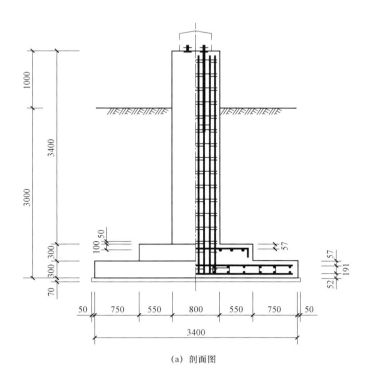

(a) 剖面图

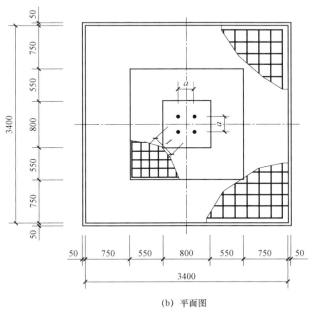

(b) 平面图

图 4-1 板式基础（一）

（2）审核过程及结果：根据 DL/T 5205—2021 相关规定，杆塔坑挖方及回填按设计图示尺寸，以体积"m³"计算，体积＝基础底面积（或基础垫层底面积）×开挖深度。由于该板式基础有垫层，因此应根据垫层底面积和包含垫层的开挖深度计算开挖工程量，具体计算过程如下：

垫层长度 $a = 3400 + 50 + 50 = 3500$（mm）$= 3.5$m

垫层宽度 $b = 3400 + 50 + 50 = 3500$（mm）$= 3.5$m

自然地坪至垫层底部高度 $h = 3000 + 70 = 3070$（mm）$= 3.07$m

挖方工程量 $V = a \times b \times h = 3.5 \times 3.5 \times 3.07 \approx 37.61$（m³）

因此案例描述中的工程量有误，单腿板式基础挖方工程量应为 37.61m³。

（3）启示建议：当板式基础有垫层时，注意开挖工程量应按垫层底面积计算，并且坑深应包括垫层厚度，避免少计基础挖方及回填工程量。

案例 2：承台基础挖方及回填

（1）案例描述：某 500kV 架空输电线路工程采用承台灌注桩基础，详见图 4-2，计算单腿承台基础的挖方工程量。根据基础尺寸，垫层长度 6.8m、垫层宽度 6.8m，自然地坪至垫层底部高度 3.4m，得出挖方工程量为 157.22m³。

（2）审核过程及结果：根据 DL/T 5205—2021 相关规定，杆塔坑挖方及回填按设计图示尺寸，以体积"m³"计算，体积＝基础底面积（或基础垫层底面积）×开挖深度。由于该板式基础有垫层，因此应根据垫层底面积和包含垫层的开挖深度计算开挖工程量，具体计算过程如下：

垫层长度 $a = 3300 + 3300 + 100 + 100 = 6800$（mm）$= 6.8$m

垫层宽度 $b = 3300 + 3300 + 100 + 100 = 6800$（mm）$= 6.8$m

自然地坪至垫层底部高度 $h = 2200 + 1300 + 200 - 300 = 3400$（mm）$= 3.4$m

挖方工程量 $V = a \times b \times h = 6.8 \times 6.8 \times 3.4 \approx 157.22$（m³）

因此单腿承台基础的挖方工程量为 157.22m³，案例描述中的工程量正确。

（3）启示建议：承台基础与板式基础的挖方及回填工程量计算规则一致，当有垫层时，注意开挖工程量应按垫层底面积计算，并且坑深应包括垫层厚度，避免少计基础挖方及回填工程量。

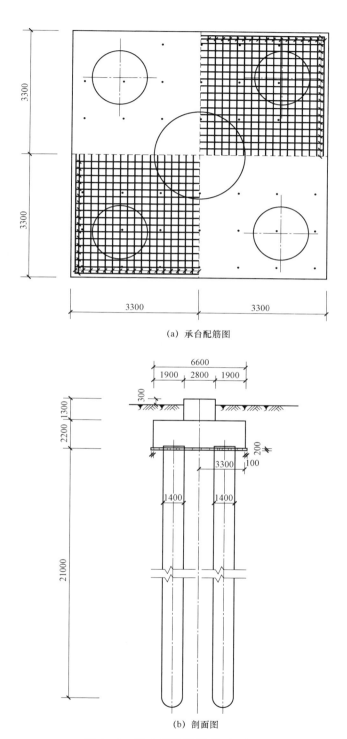

(a) 承台配筋图

(b) 剖面图

图 4-2　承台灌注桩基础（一）

输电线路工程结算审核方法与实务

案例 3：挖孔基础挖方

（1）案例描述：某架空输电线路工程采用挖孔桩基础，详见图 4-3，地质情况：h_4 为 0～2m，是粉质黏土可塑；h_5 为 2～4m，是强风化泥岩，4m 以下是中风化石灰岩，不考虑护壁，计算单腿挖孔基础挖方工程量。根据不同地质和基础尺寸，分别计算各部分体积后得到岩石挖方量为 47.78m³。

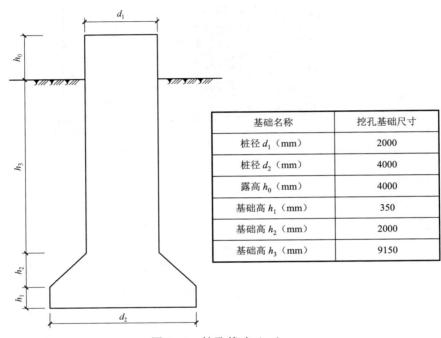

基础名称	挖孔基础尺寸
桩径 d_1（mm）	2000
桩径 d_2（mm）	4000
露高 h_0（mm）	4000
基础高 h_1（mm）	350
基础高 h_2（mm）	2000
基础高 h_3（mm）	9150

图 4-3 挖孔基础（一）

（2）审核过程及结果：根据 DL/T 5205—2021 相关规定，挖孔基础挖方按设计图示尺寸，以体积"m³"计算，并且不同地质应分层计算工程量，具体计算过程如下：

下部体积 $V_1 = 3.14 \times (d_2 \div 2)^2 \times h_1 = 3.14 \times (4 \div 2)^2 \times 0.35 = 3.14 \times 2^2 \times 0.35 \approx 4.40$（m³）

中部体积 $V_2 = 3.14 \times [(d_1 \div 2)^2 + (d_1 \div 2) \times (d_2 \div 2) + (d_2 \div 2)^2] \times h_2 \div 3$

$= 3.14 \times (1^2 + 1 \times 2 + 2^2) \times 2 \div 3 \approx 14.65$（m³）

上部体积 $V_3 = 3.14 \times (d_1 \div 2)^2 \times h_3 = 3.14 \times 1^2 \times 9.15 \approx 28.73$（m³）

总体积 $V_0 = V_1 + V_2 + V_3 = 4.40 + 14.65 + 28.73 = 47.78$（m³）

普通土挖方量 $V_4 = 3.14 \times (d_1 \div 2)^2 \times h_4 = 3.14 \times 1^2 \times 2 = 6.28$（m³）

松砂石挖方量 $V_5 = 3.14 \times (d_1 \div 2)^2 \times h_5 = 3.14 \times 1^2 \times 2 = 6.28$（m³）

岩石挖方量 $V_6 = V_0 - V_4 - V_5 = 47.78 - 6.28 - 6.28 = 35.22$（m³）

因此案例描述中的工程量有误，单腿挖孔基础挖方工程量为 47.78m³，其中普通土挖方量 6.28m³，松砂石挖方量 6.28m³，岩石挖方量 35.22m³。

（3）启示建议：审核时挖孔基础挖方应该根据地质情况分层计算，不同地质挖方合计工程量应与挖孔基础总挖方量保持一致。

案例 4：基础钢筋

（1）案例描述：某架空线路工程采用板式基础，基础钢筋重详见表 4-1。计算现浇基础（构件）钢筋重。通过对表 4-1 中各钢筋种类、直径、数量和质量的汇总计算，得出钢筋重为 2.811t。

表 4-1　　　　　　　　板 式 基 础 材 料 表

编号	名称		种类	直径	长度（mm）	数量	单位	质量（kg）	
								一件	小计
1	主柱主筋		HRB400	ϕ20	3805	128	根	9.38	1200.64
2	主柱箍筋		HPB300	ϕ8	3800	56	根	1.50	84.00
3	主柱箍筋		HPB300	ϕ8	2845	56	根	1.13	63.28
4	主柱箍筋		HPB300	ϕ8	3325	56	根	1.32	73.92
5	台阶主筋		HRB400	ϕ14	2260	88	根	2.74	241.12
6	底板上筋		HRB400	ϕ14	3100	136	根	3.75	510.00
7	底板下筋		HRB400	ϕ14	3100	136	根	3.75	510.00
8	架立钢筋		HPB300	ϕ14	737	144	根	0.89	128.16
混凝土（m³）	基础	C25	4×7.04=28.16		钢材（kg）	钢筋	HRB400	2461.76	
	垫层	C15	4×0.76=3.04			钢筋	HPB300	349.36	
	合计		31.20			合计		2811.12	

（2）审核过程及结果：根据 DL/T 5205—2021 相关规定，现浇基础（构件）钢筋按设计图示数量，以质量"t"计算。

因此现浇基础（构件）钢筋重为 2.811t，案例描述中的工程量正确。

（3）启示建议：审核过程中应复核板式基础或承台基础详图上材料表中钢材重量，避免多计或少计工程量。

案例 5：挖孔基础浇灌

（1）案例描述：某架空输电线路工程采用挖孔基础，详见图 4-3，计算挖孔基础浇灌工程量。根据基础结构和尺寸，分别计算各部分体积后得到总挖孔基础浇灌工程量为 60.34m³。

（2）审核过程及结果：根据 DL/T 5205—2021 相关规定，挖孔基础浇灌按设计图示尺寸，以体积"m³"计算，具体计算过程如下：

下部体积 $V_1 = 3.14 \times (d_2 \div 2)^2 \times h_1 = 3.14 \times 2^2 \times 0.35 \approx 4.40$（m³）

中部体积 $V_2 = 3.14 \times [(d_1 \div 2)^2 + (d_1 \div 2) \times (d_2 \div 2) + (d_2 \div 2)^2] \times h_2 \div 3$

$\qquad\qquad\quad = 3.14 \times (1^2 + 1 \times 2 + 2^2) \times 2 \div 3 \approx 14.65 \text{m}^3$

上部体积 $V_3 = 3.14 \times (d_1 \div 2)^2 \times h_3 = 3.14 \times 1^2 \times (9.15 + 4.0) \approx 41.29$（m³）

总体积 $V_0 = V_1 + V_2 + V_3 = 4.40 + 14.65 + 41.29 = 60.34$（m³）

因此，挖孔基础浇灌工程量为 60.34m³，案例描述中的工程量正确。

（3）启示建议：应重点审核设计文件中扩大头或桩尖的标注情况，如设计文件中挖孔基础扩大头或桩尖部分仅显示外形，未标示扩大头或桩尖细部尺寸，工程量计算时按照图示自然地面以下桩长乘以桩圆柱体截面积计算挖孔基础浇灌工程量。

案例 6：挖孔基础护壁

1. 工程 1

（1）案例描述：某架空线路工程采用挖孔基础，直径为 1.2m，挖孔基础设置现浇混凝土护壁 2m，护壁每延米材料量见表 4-2。根据表 4-2 计算，得出护壁混凝土体积为 1.02m³。

表 4-2 护壁每延米材料量（一）

主柱直径 d（mm）	钢筋 HPB300（kg）	混凝土 C25（m³）
1200	24.40	0.51
1300	26.25	0.55
1400	27.99	0.58
1500	29.79	0.62

主柱直径 d（mm）	钢筋 HPB300（kg）	混凝土 C25（m³）
1600	31.58	0.65
1700	33.38	0.69
1800	35.17	0.73
1900	36.96	0.76
2000	38.76	0.80
2100	41.16	1.06
2200	42.91	1.11

（2）审核过程及结果：根据 DL/T 5205—2021 相关规定，挖孔基础护壁按设计图示尺寸，以体积"m³"计算。

因挖孔基础护壁设置长度 $L=2\text{m}$，基础护壁每延米混凝土体积 $V=0.51\text{m}^3/\text{m}$，则挖孔基础护壁 $=L \times V = 2 \times 0.51 = 1.02$（m³）

因此护壁工程量为 1.02m³，案例描述中的工程量正确。

（3）启示建议：根据设计图纸基础护壁每延米材料量表格计算。如设计图纸中未明确基础护壁设置长度，需办理签证确认设置长度，同时核实基础隐蔽验收记录。

2. 工程 2

（1）案例描述：某架空线路工程采用挖孔基础，直径为 1m，挖孔基础设置现浇混凝土护壁 2m，护壁每延米材料量见表 4-3。由此得出锁口及第一节护壁体积 0.81m³，标准节护壁体积 0.94m³，总护壁体积为 1.75m³。

表 4-3　护壁每延米材料量（二）

孔径 D（m）	锁口及第一节井壁（0.7m）			标准节井壁（每 m）		
	护壁混凝土（m³）	护壁钢筋（kg）	锯齿部分基础混凝土（m³）	护壁混凝土（m³）	护壁钢筋（kg）	锯齿部分基础混凝土（m³）
1.00	0.81	32.94	0.03	0.47	19.19	0.08
1.10	0.87	35.74	0.04	0.51	20.93	0.09
1.20	0.93	37.70	0.04	0.55	22.11	0.10
1.30	0.99	40.51	0.04	0.59	23.85	0.10
1.40	1.06	43.31	0.04	0.63	25.60	0.11
1.50	1.12	45.27	0.05	0.67	26.78	0.12

（2）审核过程及结果：根据 DL/T 5205—2021 相关规定，挖孔基础护壁按设计图示尺寸，以体积“m^3”计算。

锁口及第一节护壁体积 $V_1 = 0.81$（m^3）

标准节护壁体积 $V_2 = (2-0.7) \times 0.47 = 0.61$（$m^3$）

挖孔基础护壁 $= V_1 + V_2 = 0.81 + 0.61 = 1.42$（$m^3$）

因此案例描述中的工程量有误，护壁工程量应为 $1.42m^3$。

（3）启示建议：根据设计图纸基础护壁详图所示的体积计算。如设计图纸中未明确基础护壁设置长度，需办理签证确认设置长度，同时核实基础隐蔽验收记录。注意计算标准节护壁时需扣除锁口及第一节井壁的长度。

案例 7：灌注桩成孔

（1）案例描述：某架空线路工程采用承台灌注桩基础，每个承台由 4 根灌注桩支撑，详见图 4－4，计算灌注桩成孔工程量（单腿）。根据设计桩长和自然地坪至承台底部高度，得出成孔长度为 100.4m。

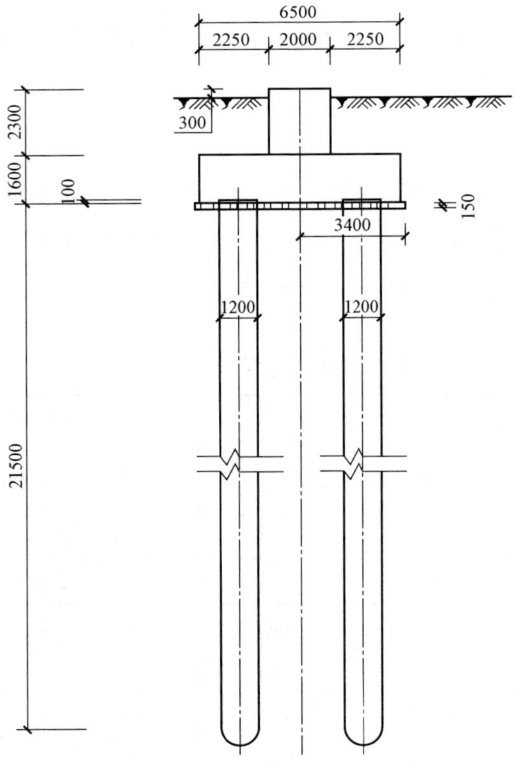

图 4－4　承台灌注桩基础（二）

（2）审核过程及结果：根据 DL/T 5205—2021 相关规定，灌注桩成孔按设计图示尺寸，以长度"m"计算。长度为打桩前自然地面标高至设计桩底的深度（包括桩尖），具体计算过程如下：

设计桩长（不含桩尖）$L = 21500\text{mm} = 21.5\text{m}$

自然地坪至承台底部高度 $h = 1600 + 2300 - 300 = 3600$（mm）$= 3.6\text{m}$

灌注桩成孔长度 $= (L + h) \times 4 = (21.5 + 3.6) \times 4 = 100.4$（m）

因此灌注桩成孔长度为 100.4m，案例描述中的工程量正确。

（3）启示建议：

1）DL/T 5205—2021 中工程量计算规则为打桩前自然地面标高至设计桩底的深度（包含桩尖），若设计文件中灌注桩基础桩尖部分仅显示外形，未标示桩尖尺寸，工程量计算时按照图示自然地面以下桩长计算。

2）Q/GDW 11339—2023 中工程量计算规则为打桩前地面标高至设计桩底的深度（不包括桩尖长度）。

案例 8：灌注桩浇灌

（1）案例描述：某架空线路工程采用灌注桩基础，详见图 4-5，计算灌注桩浇灌工程量（单桩）。根据桩身半径、基础露头高度和设计桩长，可计算出总浇筑体积为 36.85m^3。

（2）审核过程及结果：根据 DL/T 5205—2021 相关规定，灌注桩浇灌按设计桩截面积乘以设计桩长，以体积计算（包括桩尖）。具体计算过程如下：

桩身体积 $V_1 = 3.14 \times (d \div 2)^2 \times (h_0 + h_1) = 3.14 \times 1.1^2 \times (0.2 + 9.5) \approx 36.85$（$\text{m}^3$）

桩尖体积 $V_2 = (2 \div 3) \times 3.14 \times (d \div 2)^3 = (2 \div 3) \times 3.14 \times 1.1^3 \approx 2.79$（$\text{m}^3$）

总体积 $V_0 = V_1 + V_2 = 36.85 + 2.79 = 39.64$（$\text{m}^3$）

因此案例描述中的工程量有误，灌注桩浇灌工程量（单桩）应为 39.64m^3。

（3）启示建议：如设计文件中灌注桩基础桩尖仅显示外形，未标示尺寸，则体积不予计算。

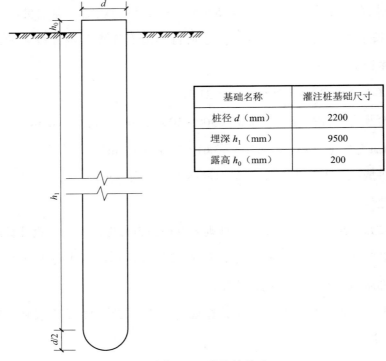

基础名称	灌注桩基础尺寸
桩径 d（mm）	2200
埋深 h_1（mm）	9500
露高 h_0（mm）	200

图 4-5 灌注桩基础

案例 9：基础防腐

（1）案例描述：某架空线路工程采用板式基础，详见图 4-6，由于处于强腐蚀地区，地面以下基础表面需要做防腐处理，不考虑顶面防腐，计算基础防腐工程量。通过分别计算各部分面积，得出总防腐面积为 17.76m²。

（2）审核过程及结果：根据 DL/T 5205—2021 相关规定，基础防腐按设计图示尺寸，以表面积"m²"计算，具体计算过程如下：

底部基础侧面积 $S_1 = 4 \times a_2 \times h_1 = 4 \times 2.6 \times 0.4 = 4.16$（m²）

底部基础上表面积 $S_2 = a_2 \times a_2 - a_1 \times a_1 = 2.6 \times 2.6 - 0.6 \times 0.6 = 6.4$（m²）

基础立柱表面积 $S_3 = 4 \times a_1 \times h_2 = 4 \times 0.6 \times 3 = 7.2$（m²）

总面积 $S_0 = S_1 + S_2 + S_3 = 4.16 + 6.4 + 7.2 = 17.76$m²

因此基础防腐工程量为 17.76m²，案例描述中的工程量正确。

（3）启示建议：防腐工程量应按照设计要求，按基础表面积计算。

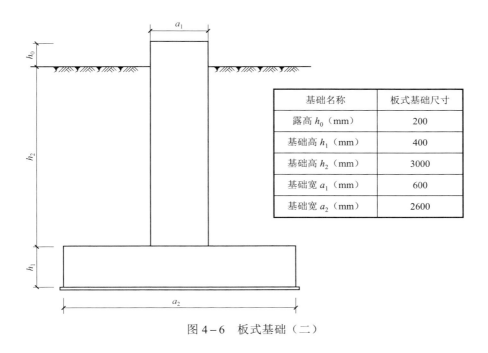

基础名称	板式基础尺寸
露高 h_0（mm）	200
基础高 h_1（mm）	400
基础高 h_2（mm）	3000
基础宽 a_1（mm）	600
基础宽 a_2（mm）	2600

图 4-6　板式基础（二）

案例 10：自立塔组立

（1）案例描述：某 500kV 架空线路工程，直线塔一览图详见图 4-7，铁塔本体重 40.345t，塔腿重 2.180t，支架重 0.536t，计算自立塔组立工程量。根据本体重和塔腿重得出总重为 49.065t。

（2）审核过程及结果：根据 DL/T 5205—2021 相关规定，自立塔组立按设计数量，以质量"t"计算，自立塔质量包含塔身、铁塔螺栓（如防盗螺栓、双螺帽等）脚钉、爬梯、电梯井架、避雷器支架、电缆平台等全部塔身组合构件的质量，具体计算过程如下：

$$M_0 = M_1 + 4M_2 + M_3 + M_4 = 40.345 + 4 \times 2.180 + 0.536 = 49.601 \text{（t）}$$

式中　　M_1——本体重，根据塔型、呼高确定本体段段号组成，将各段质量相加计算；

　　　　M_2——塔腿重，根据接腿确定各腿的段号，将各段重相加计算；

　　　　M_3——增重质量，根据图纸说明计算增重质量；

　　　　M_4——支架重，如有根据图纸说明计算设备支架重。

因此案例描述中的工程量有误，自立塔组立工程量应为 49.601t。

（3）启示建议：根据基础配置表确定逐基的塔型、呼高、接腿，再根据铁塔图纸计算逐基的质量。按照塔型分别统计总图和分图量，要保证每基塔的分图量、总图量和铁塔核算量相一致。

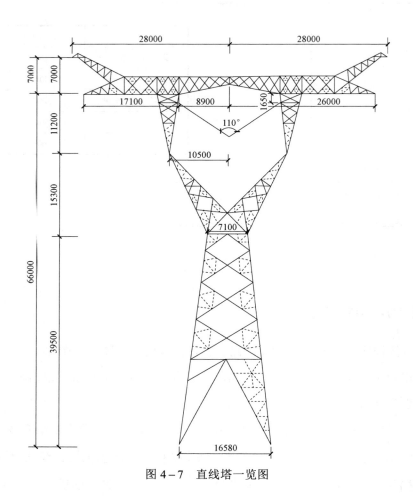

图 4−7　直线塔一览图

案例 11：悬垂绝缘子串

（1）案例描述：某架空线路工程，悬垂绝缘子串组装方式分别见图 4−8～图 4−14，判断以下悬垂绝缘子串类型及工程量。

（2）审核过程及结果：根据 DL/T 5205—2021 相关规定，导线悬垂、跳线串按设计数量，以"串"计算，同时项目特征区分了绝缘子型号和组合形式。

图 4−8 为Ⅰ型单联单挂点悬垂串，工程量为 1 串"Ⅰ型单联串"。图 4−9 为Ⅰ型双联单挂点悬垂串，工程量为 1 串"Ⅰ型双联串"。图 4−10 为Ⅰ型双联双挂点悬垂串，

工程量为 1 串"Ⅰ型双联串"。图 4－11 为Ⅰ型双联双挂点悬垂串，工程量为 2 串"Ⅰ型单联串"。图 4－12 为Ⅰ型双联（三角联板）悬垂串，工程量为 1 串"Ⅰ型双联串"。图 4－13 为Ⅰ型四联四挂点悬垂串，工程量为 2 串"Ⅰ型双联串"。图 4－14 为Ⅴ型三联双挂点悬垂串，工程量为 1 串"Ⅴ型三联串"。

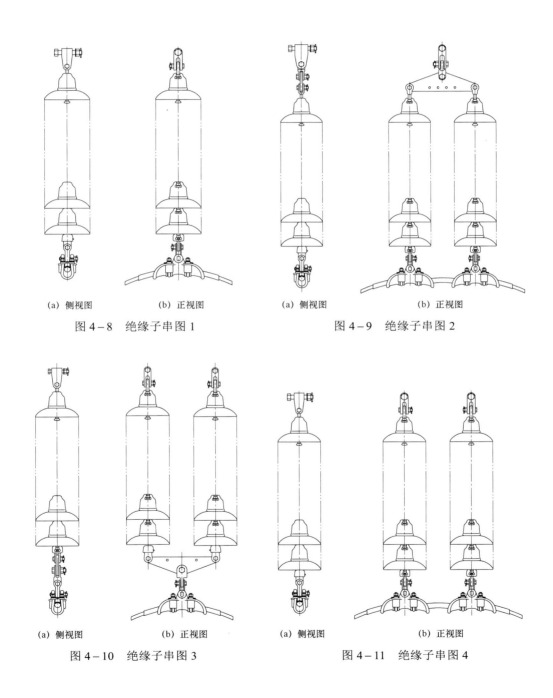

（a）侧视图　　　　（b）正视图

图 4－8　绝缘子串图 1

（a）侧视图　　　　（b）正视图

图 4－9　绝缘子串图 2

（a）侧视图　　　　（b）正视图

图 4－10　绝缘子串图 3

（a）侧视图　　　　（b）正视图

图 4－11　绝缘子串图 4

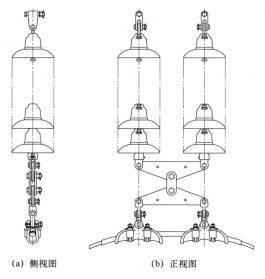

(a) 侧视图　　　　　　　(b) 正视图

图 4-12　绝缘子串图 5

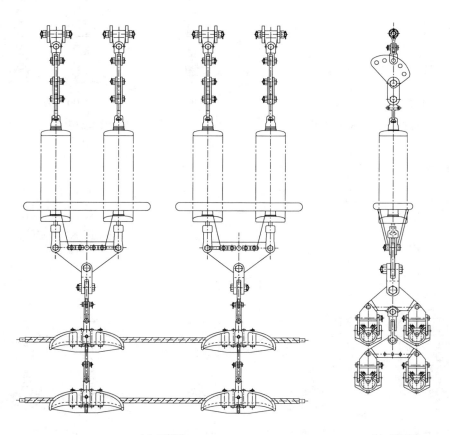

(a) 正视图　　　　　　　　　　　　　　(b) 侧视图

图 4-13　绝缘子串图 6

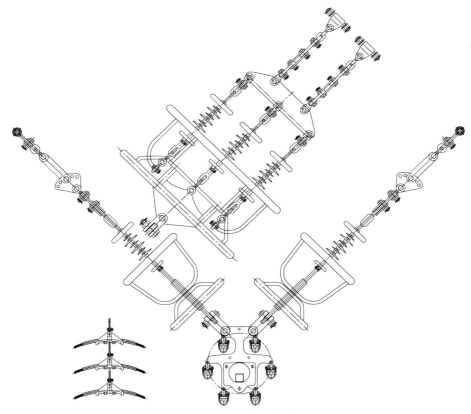

图 4-14　绝缘子串图 7

（3）启示建议：悬垂绝缘子串悬挂安装是指完全独立的金具绝缘子串，有单联、双联、三联、四联等多种型式，多联之间（上或下）通过金具连接，可独立施工。如多联之间没有连接金具相连，彼此保持相互独立，且上下均有独立挂点，此多联金具绝缘子串为多串金具绝缘子"串"。悬垂绝缘子串应根据金具串名称和金具组装图综合判断。

案例 12：输电线路试运

（1）案例描述：原某 110kV 架空输电线路工程起于 A 变电站，止于 B 变电站，线路长度 80km，双回路架设。现在位于 I 回线路中间点 40km 处进行开断，新建架空线路至 C 变电站，线路路径长度 20km，单回路架设，最终形成 A 变电站至 C 变电站单回架空输电线路，计算新建架空输电线路试运费用。

（2）审核过程及结果：该工程最终形成 A 变电站至 C 变电站单回架空输电线路，

路径长度包括原线路 40km，新建架空线路 20km，共计 60km。根据《电力建设工程定额和费用计算规定（2018 年版）》相关规定，定额按线路长度 50km 以内考虑。超出 50km 时，每增加 50km 按定额乘以 0.2 系数，不足 50km 按 50km 计算。考虑线路长度超过 50km，输电线路线路试运费用执行 YX7－127 输电线路试运 110kV 定额并乘以 1.2 系数进行计算。

（3）启示建议：线路试运行应按照输电线路的路径总长度计算，不能仅考虑新建段线路路径长度。

第二节　陆上电缆线路工程分部分项清单 费用案例分析

本节归纳总结了电缆输电线路工程结算审核典型案例，包括工井土石方开挖及回填、排管混凝土浇筑、电缆敷设等分部分项清单计量和计价方法，明确了审核关键点，包括电缆排管内衬管体积扣除规则、电缆敷设长度的计算原则，以及耐压试验回路数的确定方法，为电缆输电线路工程结算的规范性和准确性提供了重要依据。

案例 1：工井土石方开挖及回填

（1）案例描述：某电缆输电线路工程设置直线工井 1 座，工井详见图 4－15，计算直线工井土石方开挖及回填清单工程量。根据工井尺寸，垫层长度 1.9m、垫层宽度 4.4m，自然地坪至垫层底部高度 2m，得出清单工程量为 16.72m³。

（2）审核过程及结果：根据 DL/T 5205—2021 相关规定，土石方开挖及回填按设计图示尺寸，以体积"m³"计算，体积为原地面线以下按构筑物最大水平投影面积乘以开挖深度（原地面平均标高至槽坑底标高）。计算基坑开挖深度时，应包含垫层的厚度，具体计算过程如下：

垫层长度 $a = 1.7 + 0.1 \times 2 = 1.9$（m）

垫层宽度 $b = 4.2 + 0.1 \times 2 = 4.4$（m）

自然地坪至垫层底部高度 $h = 1.6 + 0.2 + 0.1 + 0.1 = 2.0$（m）

工井土石方开挖及回填清单工程量 $V = a \times b \times h = 1.9 \times 4.4 \times 2.0 = 16.72$（m³）

因此工井土石方开挖及回填清单工程量为 16.72m³，案例描述中的工程量正确。

（3）启示建议：审核时注意坑深应包括垫层厚度，避免少计基础挖方及回填工程量。

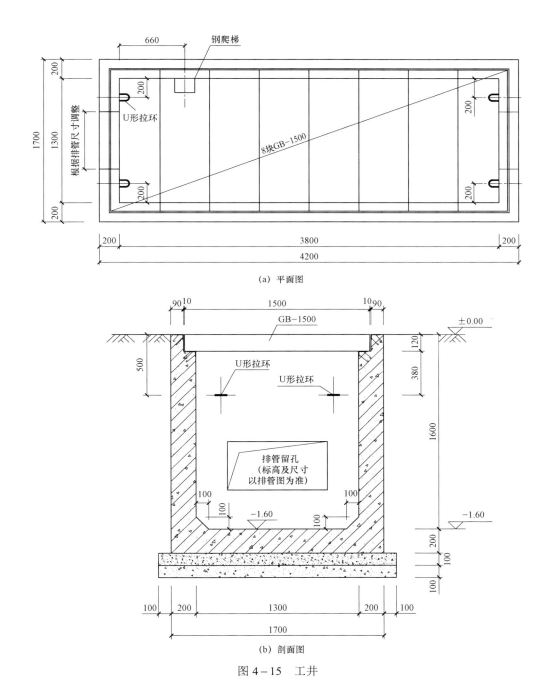

(a) 平面图

(b) 剖面图

图 4-15 工井

案例 2：排管混凝土浇筑

（1）案例描述：某电缆输电线路工程采用电缆排管方式敷设，排管长度 100m，电缆排管结构图详见图 4-16，计算电缆排管混凝土浇筑清单工程量。根据排管的尺寸，扣除排管内电缆及光缆保护管所占体积，得出混凝土浇筑清单工程量为 77.63m³。

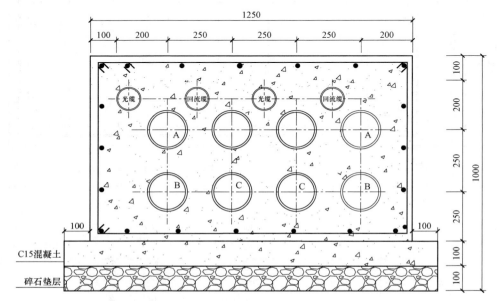

说明： 1. 本排管混凝土强度等级 C25。

2. 此型排管其电缆保护管适用外径＜200mm，回流缆及光缆保护管适用外径＜110mm。

3. 表中数据为不同埋深对应单位米的材料用量。

4. 排管施工完毕后，地面上方每隔 20m 左右立警告标志桩或标志小方块。

5. 电缆保护管内径 $D=175$mm，壁厚 8mm；回流缆及光缆保护管内径 $d=100$mm，壁厚 5mm。

6. 电缆保护管、回流缆及光缆保护管和采用 MPP 管。

图 4-16 电缆排管结构图

（2）审核过程及结果：根据 DL/T 5205—2021 相关规定，混凝土浇筑按设计图示尺寸，以实体体积"m³"计算，具体计算过程如下：

排管宽度 $a=1.25$（m）

排管高度 $b=0.25+0.25+0.2+0.1=0.8$（m）

电缆保护管所占面积 $S_1=8\times3.14\times(0.175\div2+0.008)^2\approx0.229$（m³）

光缆保护管所占面积 $S_2=4\times3.14\times(0.10\div2+0.005)^2\approx0.038$（m³）

排管长度 $L=100$（m）

排管混凝土浇筑清单工程量 $V = (a \times b - S_1 - S_2) \times L = (1.25 \times 0.8 - 0.229 - 0.038) \times 100$
$$= 73.30 \ (\text{m}^3)$$

因此案例描述中的工程量有误，排管混凝土浇筑工程量应为 73.30m³。

（3）启示建议：排管混凝土浇筑清单工程量应扣除排管内电缆及光缆保护管所占体积，需注意计算电缆或光缆保护管所占体积时应按照保护管外径计算。

案例3：电缆敷设

1. 工程 1

（1）案例描述：某 35kV 电缆输电线路工程，线路路径长度 300m，双回路电缆沟敷设，采用 YJV22－26/35KV－3×400 三芯电力电缆，设计材料清册中电缆单盘长度为 328m，共 2 盘，计算电缆敷设清单工程量。

（2）审核过程及结果：根据 DL/T 5205—2021 相关规定，电缆沟、浅槽敷设按设计图示数量，以长度"m"计算，具体计算如下：

电缆单盘长度 $l = 328$（m）

电缆盘数 $n = 2$

电缆敷设长度 $L = l \times n = 328 \times 2 = 656$（m）

2. 工程 2

（1）案例描述：某 220kV 电缆输电线路工程，线路路径长度 300m，单回路排管敷设，采用 YJLW02－127/220kV－1×2500 单芯电力电缆，设计材料清册中电缆单盘长度为 320m，共 3 盘，计算电缆敷设清单工程量。

（2）审核过程及结果：根据 DL/T 5205—2021 相关规定，埋管内敷设按设计图示尺寸，以长度"m"计算，具体计算如下：

电缆单盘长度 $l = 320$（m）

电缆盘数 $n = 3$

电缆敷设长度 $L = l \times n = 320 \times 3 = 960$（m）

（3）启示建议：电缆敷设工程量应根据设计材料清册中的电缆长度计算，不应按照路径长度计算。

案例4：电缆耐压试验

（1）案例描述：某 110kV 输电线路工程，起于 A 变电站第 X 间隔出线架构，止于

B 变电站第 Y 间隔进线架构，线路两侧出线和进线均采用电缆方式，电缆沟敷设，设置 2 基电缆终端塔，其余线路采用架空方式。计算该工程主绝缘交流耐压试验清单工程量。

（2）审核过程及结果：根据 DL/T 5205—2021 相关规定，电缆耐压试验按设计图示数量，以"回路"计算。

电缆输电线路回路数量 $a=1$

同一条输电线路工程不同位置电缆输电线路数量 $b=2$

主绝缘交流耐压试验工程量 $=a\times b=1\times 2=2$ 回路

（3）启示建议：主绝缘交流耐压试验应根据不同段电缆输电线路的回路数量计算。

第三节 合同允许调整费用案例分析

本节归纳总结了合同允许调整费用的相关案例，包括法律法规变化、工程变更、工程量偏差等 11 方面内容，深入剖析了合同允许调整费用的审核方法，要求严格遵循合同约定，区分责任归属，并综合运用定额标准与信息价，确保结算费用调整的合规性与合理性，为合同允许调整费用结算审核工作提供了有效参考。

案例 1：法律法规与政策变化

（1）案例描述：某 220kV 架空输电线路工程，地点位于北京，施工招标挂网时间为 2019 年 3 月 15 日，投标截止时间为 2019 年 4 月 15 日，经评标确定中标单位，并签署施工合同。施工合同约定法律法规与政策变化引起的价格调整原则为："在基准日后，因国家法律、法规或省级及以上政府部门颁布的规章和政策发生变化导致承包人在合同履行中所需要的工程费用发生增减时，承包人根据合同约定进行计量和估价，经发包人审定后调整合同价款。"

该工程开工时间为 2019 年 6 月，竣工验收时间为 2019 年 12 月，工程竣工验收后建设管理单位组织各参建单位开展竣工结算工作，根据北京市人力资源和社会保障局于 2019 年 4 月 28 日发布的《关于降低本市社会保险费率的通知》（京人社养发〔2019〕67 号），该工程规费中基本养老保险费用是否应予调整？

（2）审核过程及结果：北京市人力资源和社会保障局于 2019 年 4 月 28 日发布的

《关于降低本市社会保险费率的通知》（京人社养发〔2019〕67号），文件规定自2019年5月1日起，城镇职工基本养老保险（包括企业和机关事业单位基本养老保险）单位缴费比例由20%降至16%，属于施工合同约定法律法规变化范畴。

由于该工程投标基准日基本养老保险费率为20%，而施工期内基本养老保险费率根据文件规定调整至16%。依据施工合同法律法规与政策变化引起的价格调整原则相关约定，该工程应按照北京市人力资源和社会保障局颁布文件规定调整施工期内规费中基本养老保险费用。

（3）启示建议：当发生法律法规与政策变化时，及时收集相关文件，审核变化内容是否符合合同约定的调整条件。法律法规与政策变化引起的价款调整需明确发生变化的法律法规与政策颁布时间，颁布时间在投标基准日之后发生的，可依据施工合同相应条款予以调整。

案例2：工程变更

（1）案例描述：某110kV架空线路工程，实际现场基础土质分层情况为3m以上为普通土，3m以下为松砂石，较地勘报告土质情况发生变化。设计单位提出变更调整板式基础埋深，由3.5m调整至3.9m，现场采用机械开挖方式。基础埋深变化导致杆塔坑、拉线坑挖方及回填清单工程量增加3.56m³。该工程承包人已标价工程量清单中杆塔坑、拉线坑挖方及回填（普通土4m以内，机械开挖）清单综合单价为35.33元/m³，杆塔坑、拉线坑挖方及回填（坚土和松砂石4m以内，机械开挖）清单综合单价为37.45元/m³，工程变更后，承包人计算杆塔坑、拉线坑挖方及回填清单结算增加费用125.77元。

（2）审核过程及结果：根据《电力建设工程定额和费用计算规定（2018年版）》相关规定，板式基础土质按设计提供的地质资料确定，同一坑、槽、沟内出现两种或两种以上不同土质时，一般选用含量较大的一种土质确定其类型。工程变更中板式基础埋深增加0.4m，但从土质分层情况判断，杆塔坑、拉线坑挖方及回填仍为普通土。

杆塔坑、拉线坑挖方及回填（普通土4m以内，机械开挖）清单费用＝3.56m³×35.33元/m³≈125.77元

因此案例描述中承包人计算的变更结算费用结果正确，杆塔坑、拉线坑挖方及回填（普通土4m以内，机械开挖）清单结算增加费为125.77元。

（3）启示建议：在工程变更管理中，发承包双方应严格按照设计变更流程进行。依据施工合同变更的估价原则，已标价工程量清单中有适用于变更工作的子目的，采用该子目的单价，无需重新组价。

案例3：项目特征描述不符

（1）案例描述：某500kV架空输电线路工程招标清单中有杆塔坑挖方及回填清单项目，项目特征为：① 地质类别：水坑；② 开挖深度步距：坑深5m以内；③ 开挖方式：人工开挖。现场施工时采用人工开挖，结算时根据图纸计算的工程量，详见图4－17，其中垫层厚度为0.1m，长宽按照基础外加0.1m，该基础地质为水坑，坑深3m以内，与招标清单的项目特征描述不一致，计算挖方及回填的费用。

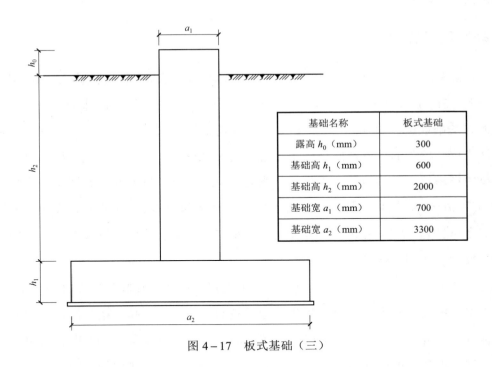

基础名称	板式基础
露高 h_0（mm）	300
基础高 h_1（mm）	600
基础高 h_2（mm）	2000
基础宽 a_1（mm）	700
基础宽 a_2（mm）	3300

图4－17　板式基础（三）

（2）审核过程及结果：

1）杆塔坑挖方及回填清单工程量。根据 DL/T 5205—2021 相关规定，杆塔坑挖方及回填按设计图示尺寸，以体积"m³"计算，体积＝基础底面积（或基础垫层底面积）×开挖深度。

垫层长度 a＝3300＋100＋100＝3500（mm）＝3.5m

垫层宽度 $b=3300+100+100=3500$（mm）$=3.5$m

自然地坪至垫层底部高度 $h=100+600+2000=2700$（mm）$=2.7$m

清单工程量 $V_1=a\times b\times h=3.5\times3.5\times2.7\times4=132.30$m³

2）杆塔坑挖方及回填定额工程量。根据《电力建设工程定额和费用计算规定（2018年版）》相关规定，水坑每边操作裕度：0.2m，人工开挖放坡系数：0.3。

坑底宽（长）$c=3300+100+100+200+200=3900$（mm）$=3.9$m

坑口宽（长）$d=3900+2\times(2000+600+100)\times0.3=5520$（mm）$=5.52$m

定额工程量 $V_2=h\div3\times(c\times c+c\times d+d\times d)\times4=2.7\div3\times(3.9\times3.9+3.9\times5.52+5.52\times5.52)\times4$

$=241.95$m³

3）杆塔坑挖方及回填清单费用。根据《电力建设工程定额和费用计算规定（2018年版）》相关规定，杆塔坑挖方及回填应执行 YX2-73 电杆坑、塔坑、拉线坑人工挖方（或爆破）及回填水坑 3m 以内定额子目，取费执行 500kV 架空输电线路工程取费标准，再考虑承包人报价浮动率计算综合单价为 150.74 元/m³。

杆塔坑挖方及回填清单费用＝清单工程量×清单综合单价＝132.30×150.74

$=19943$（元）

（3）启示建议：电杆坑、塔坑、拉线坑人工挖方（或爆破）及回填的清单和定额工程量的计算规则存在差异，定额工程量需要考虑操作裕度和放坡系数后计算。另外组价时需要考虑开挖的方式，人工和机械开挖需套用不同的定额。

案例 4：工程量清单缺项

（1）案例描述：某 220kV 架空输电线路工程施工合同约定，由于发生变更，工程量清单中无适用或类似子目的单价的，由承包人根据变更工程资料、计量规则和计价办法、变更提出时信息价格和承包人报价折扣率提出变更工程清单项目的单价，报发包人确定后调整。承包人报价折扣率＝（中标价/投标最高限价）×100%。

该工程招标工程量清单未开列挖孔基础清单项目，现场施工过程中，设计单位出具变更，其中 1 基板式基础变更为挖孔基础，详见图 4-18，现场施工采用商品混凝土，计算新增挖孔基础浇灌清单费用。

（2）审核过程及结果：

1）挖孔基础浇灌清单工程量：根据 DL/T 5205—2021 相关规定，挖孔基础浇灌按设计图示尺寸，以体积"m³"计算，具体计算过程如下：

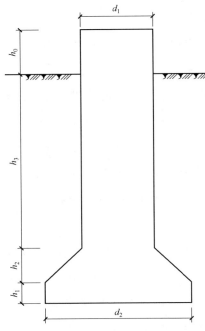

基础名称	挖孔基础
桩径 d_1（mm）	1000
桩径 d_2（mm）	2000
露高 h_0（mm）	200
基础高 h_1（mm）	200
基础高 h_2（mm）	2000
基础高 h_3（mm）	4000

图 4-18　挖孔基础（二）

下部体积 $V_1 = 3.14 \times (d_2 \div 2)^2 \times h_1 = 3.14 \times 1^2 \times 0.2 \approx 0.63$（$m^3$）

中部体积 $V_2 = 3.14 \times [(d_1 \div 2)^2 + (d_1 \div 2) \times (d_2 \div 2) + (d_2 \div 2)^2] \times h_2 \div 3$

$\qquad = 3.14 \times (0.5^2 + 0.5 \times 1 + 1^2) \times 2 \div 3 \approx 3.66$（$m^3$）

上部体积 $V_3 = 3.14 \times (d_1 \div 2)^2 \times h_3 = 3.14 \times 0.5^2 \times 4 = 3.14$（$m^3$）

露头体积 $V_4 = 3.14 \times (d_1 \div 2)^2 \times h_0 = 3.14 \times 0.5^2 \times 0.2 \approx 0.16$（$m^3$）

清单工程量 $V_0 = (V_1 + V_2 + V_3 + V_4) \times 4 = (0.63 + 3.66 + 3.14 + 0.16) \times 4 = 7.59 \times 4$

$\qquad = 30.36$（m^3）

2）挖孔基础浇灌定额工程量。根据《电力建设工程定额和费用计算规定（2018年版）》相关规定，挖孔基础浇灌定额工程量应考虑7%的充盈量，即

定额工程量 $V_5 = (V_1 + V_2 + V_3) \times 4 \times 1.07 + V_4 \times 4 = (0.63+3.66+3.14) \times 4 \times 1.07+0.16 \times 4$

$\qquad \approx 32.44$（m^3）

3）挖孔基础浇灌清单费用：根据《电力建设工程定额和费用计算规定（2018年版）》相关规定，挖孔基础浇灌应执行 YX3-175 商品混凝土浇制孔深 10m 以内定额子目，取费执行 220kV 架空输电线路工程取费标准，商品混凝土执行工程所在地工程造价管理机构发布的信息价，同时考虑承包人报价折扣率计算新增挖孔桩基础清单综合单价为 797.03 元/m^3。

挖孔基础浇灌清单费用＝清单工程量×清单综合单价＝30.36×797.03≈24198（元）

（3）启示建议：在工程施工前，承包人应仔细审核工程量清单，发现缺项及时与设计和发包人沟通。对于新增项目，做好施工记录和资料收集，为结算提供依据。

依据施工合同变更的估价原则，工程量清单缺项由双方按以下原则确定变更工作的单价：

1）工程量清单中无适用或类似子目的单价的，由承包人根据变更工程资料、计量规则和计价办法、变更提出时信息价格和承包人报价折扣率提出变更工程项的单价，报发包人确定后调整。承包人报价折扣率＝（中标价÷投标最高限价）×100%。

2）工程量清单中无适用或类似子目的单价，且信息价缺价的，由承包人根据变更工程资料、计量规则、计价办法和通过市场调查取得合法依据的市场价格，按照本项1）方式提出变更工程项综合单价，报发包人确定后调整。

案例5：工程量偏差

（1）案例描述：某110kV架空线路工程施工合同约定，合同履行期间，分部分项工程量清单中任一清单项目实际工程量与招标工程量清单出现偏差。当单项工程量偏差超过原招标项目工程量的15%时，对相应清单项目综合单价进行调整。调整的原则为：当工程量增加15%以上时，其增加部分的工程量的全费用综合单价应予调低；当工程量减少15%以上时，减少后剩余部分的工程量的全费用综合单价应予调高。调整方式具体如下：

1）当 $Q_1 > 1.15 \times Q_0$ 时，$S = 1.15 \times Q_0 \times P_0 + (Q_1 - 1.15 \times Q_0) \times P_2$，$P_2 = P_0 \times 95\%$；

2）当 $Q_1 < 0.85 \times Q_0$ 时，$S = Q_1 \times P_2$，$P_2 = P_0 \times 105\%$。

该工程挖孔基础护壁招标清单工程量 Q_0 为 398.61m³，投标报价 P_0 为 1899.92 元/m³，挖孔基础护壁结算工程量 Q_1 为 468.37m³，承包人计算挖孔基础护壁清单结算费用为 889866 元。

（2）审核过程及结果：根据合同约定，挖孔基础护壁结算工程量为 468.37m³，已超出招标清单工程量15%，因此应对综合单价进行调整，挖孔基础护壁清单费用计算如下：

$$S = 1.15 \times Q_0 \times P_0 + (Q_1 - 1.15 \times Q_0) \times P_2$$

$$= 1.15 \times 398.61 \times 1899.92 + (468.37 - 1.15 \times 398.61) \times (1899.92 \times 0.95) = 888919（元）$$

因此案例描述中承包人计算费用有误，挖孔基础护壁清单结算费用应为 888919 元。

（3）启示建议：在工程施工过程中，承包人应加强对工程量的计量和监控，及时发现工程量偏差情况。对于可能超过偏差范围的项目，提前与发包人沟通，做好记录。合同履行期间，若实际工程量与招标工程量清单出现偏差，并超过合同约定的范围，发承包双方应依据施工合同约定调整合同价款。

案例 6：现场签证

（1）案例描述：某 500kV 架空线路工程施工合同约定，在工程实施阶段，若 500kV 电力线路跨越施工因年度停电计划安排要提前实施，为确保施工完成后工程本体安全需要采取半永久保护措施的，应由承包人提出申请，工程设计单位出具方案，相关费用计入工程结算。

该工程架线施工需要跨越 500kV 电力线 1 处，原计划 2023 年 5 月初进行放线施工，由于 500kV 电力线停电计划改变，导致提前至 2023 年 1 月进行架线跨越施工，需在提前放线段的两基铁塔采取半永久拉线措施进行临时固定，导致增加半永久拉线施工费用。

该工程结算时，如何审核半永久拉线签证费用。

（2）审核过程及结果：

1）核实签证内容应确保准确完整，无遗漏重要信息，附件资料应保证齐全，签证审批流程应符合合同约定及工程建设项目的相关规定和程序要求。

2）根据施工日志、监理日志等工程建设资料核实半永久拉线措施签证真实性。

3）根据经审批的半永久拉线保护措施方案核实工程量及单价，依据施工合同变更的估价原则计算签证费用。

（3）启示建议：发承包双方在现场签证管理中，应严格按照合同约定的流程进行，及时办理签证手续，确保签证内容准确反映实际发生的工作内容和工程量。签证审核应确保合法性、时效性、真实性、准确性，依据施工合同约定审核签证费用。

案例 7：物价变化

（1）案例描述：某 110kV 架空线路工程施工招标挂网时间为 2022 年 10 月 9 日，投标截止时间为 2022 年 11 月 9 日，经评标确定中标单位，并签署施工合同。施工合同中明确因物价波动引起的价格调整规定，在合同执行期间，工程所在地省级以上政府主管部门颁布或认可的价格调整办法或电力工程造价与定额管理总站和国家电网公司电力定额站发布的人材机调整,可在工程结算时根据对该工程的影响程度予以考虑。

该工程地点在北京,开工时间为 2023 年 2 月,竣工验收时间为 2023 年 11 月。该工程审定竣工结算中人工费 150 万元,计算因物价波动引起人工费价格调整费用。

(2)审核过程及结果:

1)根据施工合同约定,该工程人工费价格调整可执行电力工程造价与定额管理总站和国家电网公司电力定额站发布的人材机调整文件。

2)该工程招标时间在 2022 年,执行《关于发布 2018 版电力建设工程概预算定额 2021 年度价格水平调整的通知》(定额〔2022〕1 号)文件中人工费调差系数,即 10.53%。

3)该工程施工期在 2023 年,执行《关于发布 2018 版电力建设工程概预算定额 2022 年度价格水平调整的通知》(定额〔2023〕1 号)文件中人工费调差系数,即 13.85%。

综上,人工费价格调整费用 = 150 ÷(1 + 10.53%)×(13.85% − 10.53%)× 1.09 ≈ 4.91(万元)。

(3)启示建议:发承包双方应关注电力工程造价与定额管理总站和相关部门发布的人材机调整文件,及时收集和掌握价格调整信息,物价变化引起价款调整应依据合同约定,结合工程实际工期,明确投标基准日单价和调整单价,同时计列价差费用增值税。

案例 8:不可抗力

(1)案例描述:某 110kV 架空线路工程施工合同约定,不可抗力包括台风(气象局发布橙色及以上预警)、地震等自然灾害;战争、暴乱等社会异常事件,不可抗力导致的人员伤亡、财产损失、费用增加和(或)工期延误等后果,由合同双方按以下原则承担:① 永久工程,包括已运至施工场地的材料和工程设备的损害,以及因工程损害造成的第三者人员伤亡和财产损失由发包人承担;② 承包人设备的损坏由承包人承担;③ 发包人和承包人各自承担其人员伤亡和其他财产损失及其相关费用等。

2024 年 9 月,在该工程施工期间,气象局发布台风红色预警,承包人及时对已完成组立未验收的铁塔采取了临时加固措施,但遭遇台风(瞬时风力达到 14 级)袭击后,仍导致已完成组立的 2 基铁塔倒塌(价值 240 万元)。

发包人认为已完成组立铁塔尚未验收,所有权未转移,损失由承包人承担。承包人认为铁塔属于永久工程,按合同约定应由发包人承担损失,并且在遭遇台风袭击后

24h 内也书面通知了业主，提交了损失清单及影像资料，因此提出赔偿铁塔倒塌带来的损失。

（2）审核过程及结果：根据合同约定不可抗力包括台风（气象局发布橙色及以上预警），由于施工期间遇到的是台风红色预警，因此可以确定属于不可抗力。台风发生时 2 基铁塔已经完成组立，虽未验收但仍属于永久工程，并且承包人事前采取了避免铁塔损坏的相应措施，不存在过失。因此根据合同约定，应该由发包人承担铁塔倒塌损失。

（3）启示建议：在工程施工过程中，发承包双方应建立不可抗力应对机制，遇到不可抗力事件时，及时采取措施减少损失，并做好事件记录和证据收集，包括气象预警信息、现场影像资料等。审核不可抗力费用时，首先应确定损失产生的原因，其次依照合同条款明确各方的责任界限，进而决定损失应由谁来承担。

案例 9：提前竣工补偿

（1）案例描述：某 110kV 架空输电线路工程施工合同签约总价为 1500 万元，合同约定计划开工时间是 2023 年 9 月 1 日，计划竣工时间为 2024 年 9 月 30 日，共计 395 天。施工合同同时约定，提前竣工补偿标准为发包人要求赶工的情况下，每日补偿 1 万元，累计不超过合同价的 1%。

该工程实际开工时间为 2023 年 9 月 1 日。2024 年 5 月 10 日，发包人书面通知承包人，将竣工时间提前至 2024 年 8 月 31 日。承包人接到通知后，立即组织采取相应赶工措施，实现工程 2024 年 8 月 31 日通过竣工验收，达到了发包人要求的提前竣工目标，竣工结算时承包人提出支付提前竣工补偿金额 30 万元。

（2）审核过程及结果：该工程发包人书面通知承包人赶工，根据合同约定，承包人应按此要求提前竣工，工期提前造成承包人费用增加的，发包人应予以补偿。

根据计划和实际竣工时间，可以计算出工期提前天数为 30 天，每日补偿标准为 1 万元/天，则初步补偿金额为 30 天 × 1 万元/天＝30 万元，合同限额为 1500 万元 × 1%＝15 万元，因 30 万元＞15 万元，故最终补偿 15 万元。

（3）启示建议：在工程进度管理中，若发包人要求提前竣工，应及时与承包人协商，明确赶工措施和补偿标准，合理调整进度计划，确保工程质量和安全。承包人应在收到发包人要求后与监理人共同协商采取加快工程进度的措施和修订合同进度计划。工期提前造成承包人费用增加的，发包人应予以补偿；同时注意补偿金额不能高于施工合同约定限额。

案例10：误期补偿

（1）案例描述：某220kV架空输电线路工程施工合同签约总价为2000万元，施工合同约定计划开工时间是2024年3月1日，计划竣工时间为2024年11月30日，共计274天。施工合同同时约定，因承包人发生误期时，误期赔偿费标准为每日2万元，最高不超过合同价的2%。

该工程实际开工时间为2023年3月1日，该工程塔材为招标人采购材料，施工过程中由于塔材厂家未按约定时间供货，导致工期延后5天。附件安装施工过程中因承包人安装工人操作不熟练，导致工期延误，最终实际竣工时间为2024年12月15日，竣工结算时发包人要求承包人支付误期赔偿30万元。

（2）审核过程及结果：根据《电力建设工程工程量清单计价规范》及施工合同约定，发包人迟延提供材料、工程设备或变更交货地点的，属于发包人的工期延误，不应纳入误期赔偿；因承包人原因造成工程质量达不到合同约定验收标准的，由此造成的费用增加和（或）工期延误由承包人承担，应纳入误期赔偿。

根据计划和实际竣工时间，并扣除因发包人延误的5天，承包人原因工期延误天数应是10天，每日赔偿标准为2万元/天，初步补偿金额为10天×2万元/天＝20万元，合同限额为2000万×2%＝40万元，因20万元＜40万元，故承包人最终支付误期赔偿20万元。

（3）启示建议：在工程施工过程中，发承包双方应加强对施工进度的监控，明确各方责任，避免因发包人或承包人原因导致工期延误。签订施工合同时应明确误期补偿的标准、责任划分和限额。误期补偿费用审核时需明确各方的责任，如承包人造成的误期，承包人应支付误期赔偿；如发包人造成的误期，承包人可索赔工期或费用；同时注意误期补偿金额不能高于施工合同约定限额。

案例11：索赔

（1）案例描述：某220kV架空输电线路工程施工合同约定，非承包人原因造成窝工且连续窝工超过10日及以上的，经监理签证、发包人审核后可适当给予补偿。

该工程10基塔位位于国有林场，依据合同约定，发包方负责办理工程建设林业审批手续，承包人按照施工进度计划已完成线路工程其余全部的基础施工工作，林业审批手续仍未完成，林业局下达停工通知，承包人无法进场施工，发生施工人员及机械窝工 15 日，承包人按照合同约定提出索赔费用 4.5 万元，并提交了相应的索赔资料，请问施工人员及机械窝工损失应由谁来承担？

（2）审核过程及结果：依据合同约定，工程建设林业审批手续应由发包人负责办理，逾期未办理造成承包人无法进场施工，属于非承包人原因造成窝工且连续窝工超过 10 日及以上，应适当给予补偿。

索赔费用审核需根据施工和监理资料进一步核实人员和机械窝工数量，依据定额或信息价格合理确定窝工人员和机械的单价，准确计算窝工费用。

（3）启示建议：施工过程中，遇到非承包人原因窝工，承包人应及时办理签证，记录窝工情况，准备必要支撑资料。针对索赔费用重点审核索赔依据的充分性、合规性及索赔事项是否成立。

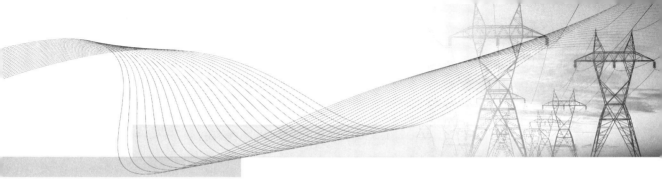

第五章　结算审核成果文件编制及
质量等管理

结算审核成果文件是确定工程项目最终造价的关键依据,包括审核报告、审核定案表及相关附件。质量管理方面实施三级审核机制,确保审核工作的规范性和准确性。同时企业应建立完善的档案管理制度,确保档案的安全、完整和可追溯性。保密管理贯穿于档案管理和信息管理的全过程,企业应建立保密管理制度,严格遵守保密规定,确保信息安全。

第一节　成　果　文　件　编　制

一、基本要求

工程结算审核成果文件是在工程结算完成后,由具有相应资质的审核机构或人员,依据国家有关法律法规和行业、企业标准规范,对施工单位提交的工程结算成果文件进行审查、核实后所形成的文件。该文件主要包括审核报告、审核定案表及相关附件。

审核报告包含审核范围、审核依据、审核情况、审核结论、造价分析及其他需要说明的重大问题等内容,对工程结算的整体情况进行详细说明;审核定案表明确了最终确定的工程结算金额,需建设单位、施工单位和审核机构三方签字盖章确认;相关附件则包括对审核中发现问题的说明、调整事项的依据,以及其他需要补充的资料等。

工程结算审核成果文件是确定工程项目最终造价的关键文件,为建设单位和施工单位办理工程价款结算提供了准确、权威的依据,有助于保证工程结算的真实性、准确性和合法性,维护双方的合法权益。

工程结算审核成果文件格式咨询合同有明确规定的，应按要求进行编制。无明确规定的，可参照 GB/T 51095—2015 或发包人相关要求进行编制。

二、施工费用结算审核报告编制

施工费用结算审核报告包括但不限于以下文件和内容：

（1）封面。

（2）签署页。

（3）编制说明。

（4）施工费用结算审核定案表。

（5）单项工程结算审核对比表。

（6）分部分项工程结算审核汇总对比表。

（7）分部分项工程清单与计价审核对比表。

（8）工程量清单综合单价分析表。

（9）其他项目清单与计价审核对比表。

（10）相关附件。

封面应体现报告类别、审核项目名称、报告编制方名称、报告编制日期、报告编号等信息，并加盖企业印章。

签署页应体现报告类别、审核项目名称、报告编制方名称，并在定稿后加盖企业印章和个人执业印章。

编制说明应包括但不限于以下内容。

（1）工程概况：包括工程名称、合同主要参与方、实施时间、工程地点、合同签订时间、合同形式、招投标情况（如有）、批复概算金额等。

（2）审核范围：建设工程造价咨询合同中约定的审核内容。

（3）审核依据：国家法律法规，行业、企业标准规范，工程建设管理文件资料，完整的施工费用结算资料等。

（4）审核情况：分部分项清单费用、其他项目清单费用等送审和审定情况描述。

（5）审核结论：对送审金额、审定金额的核减/核增金额及核减/核增率进行说明，审核报告说明中的审核结果应与附表金额保持一致。

（6）造价分析：对审定金额与同口径概算金额、合同金额、送审金额的主要差异原因进行分析说明。

（7）其他需要说明的重大问题：未完工程预留费用和原因说明等。

施工费用结算审核定案表包含合同名称、发承包双方名称、工程名称、签约合同金额、送审金额、审定金额、核减/核增金额，并应由建设单位、施工单位和审核机构三方签字盖章确认，结算审核定案表中的金额应与附表金额保持一致。

结算审核汇总对比表及明细附表应按照明细表、单位工程汇总表、单项工程汇总表、建设项目汇总表顺序，由下向上逐级汇总，并对涉及金额变化较大部分进行简要说明。

三、全口径工程结算审核报告编制

全口径工程结算审核报告包括但不限于以下文件和内容：

（1）封面。

（2）签署页。

（3）编制说明。

（4）工程竣工结算汇总表。

（5）建筑安装工程施工费用结算一览表。

（6）其他费用一览表。

（7）主要设备材料汇总表。

（8）预留费用说明表。

封面应体现报告类别、审核项目名称、报告编制方名称、报告编制日期、报告编号等信息，并加盖企业印章。

签署页应体现报告类别、审核项目名称、报告编制方名称，并在定稿后加盖企业印章和个人执业印章。

编制说明应包括工程概况、结算审核原则、结算审核依据、其他特殊费用动用说明。

工程竣工结算汇总表包括工程及费用名称、批准概算、施工图预算、竣工结算、竣工结算较批准概算增减率、竣工结算较施工图预算增减率等。

建筑安装工程施工费用结算一览表包括项目或费用名称、签约合同金额、竣工结算金额、竣工结算较合同增减率等。

其他费用一览表包括批准概算、竣工结算金额、竣工结算较批准概算增减率等。

主要设备材料汇总表包括设备材料名称、单位、竣工结算量、单价、竣工结算金

额等。

预留费用说明表包括工程和费用名称、未完工程预留费用、未完工程原因说明等。

第二节 质 量 管 理

结算审核成果实施三级审核机制,即校核、审核、批准。各级审核人员应严格按照规定的审核程序和内容开展工作,做好审核记录,填报"成品校审单",并督促编制人员根据校/审核意见完善结算审核成果文件。

一、校核

工程结算审核中的校核工作主要包括以下四点。

1. 完整性校核

检查送审资料是否齐全,并核对资料的有效性和真实性,确保结算审核依据充分。

2. 工程量校核

依据竣工图纸等资料,对工程量计算书进行详细校核,检查计算方法是否正确,计算规则是否符合相关规定,防止出现多算、少算或漏算的现象。对于复杂或关键的工程量,须进行验证。

3. 工程单价校核

校核清单单价套用是否准确,是否与工程实际情况相符,有无高套、错套定额的问题。校核材料价格的取定是否合理,是否符合合同约定或市场价格水平,对于价格波动较大的材料,要检查其价格调整依据是否充分。

4. 一致性校核

检查审核报告中各项数据与计算底稿、汇总表等是否一致,文字表述是否准确、清晰,避免出现数据错误或前后矛盾的情况。对审核过程中发现的问题及处理结果进行梳理,在"成品校审单"上签署校核意见,并督促编制人员予以修改、补充和完善。

二、审核

工程结算审核中的审核工作主要包括以下五点。

1. 合同条款的审核

明确合同类型、结算方式。对批复概算与竣工结算的对比分析情况进行重点审核。

对结算审核成果文件可能产生的执业风险应予以充分考虑，并提出规避措施。对未决事项作出技术决策。

2. 工程变更及签证的审核

审核变更及签证的真实性，是否符合工程实际情况。审核变更及签证的必要性，相关费用的合理性。审核变更及签证的时效性，是否在合同约定的时间内提出和办理。

3. 工程计量的审核

重点审核隐蔽工程、分歧较大、费用占比较高的工程量计算是否准确。

4. 工程单价的审核

重点审核新增综合单价的计价方式，如定额套用、取费标准以及材料价格计取的合理性。

5. 一致性审核

检查审核报告中各项费用金额与汇总表是否一致，文字表述是否准确、清晰，避免出现数据错误或前后矛盾的情况。对审核过程中发现的问题及处理结果进行梳理，在"成品审核单"上签署审核意见，并督促编制人员予以修改、补充和完善。

三、批准

工程结算审核中的批准工作主要包括以下三点。

1. 合理性审查

对结算审核报告进行全面审查，包括审核范围、依据、结论、其他需要说明的重大问题等，确保审核工作符合相关规定和合同要求。检查审核结果是否合理，各项数据是否准确，与送审金额相比，核增或核减的幅度是否在合理范围内，有无异常情况。

2. 合规性审查

审查结算审核过程是否遵循了国家法律法规、行业标准和企业内部的相关规定，确保审核工作合法合规。检查审核程序是否符合要求，审核报告的签字盖章等手续是否完备。

3. 风险评估与决策

评估结算审核结果可能带来的风险，如对合同双方利益关系等方面的影响，考虑是否存在潜在的争议或法律风险。根据审查和评估结果，作出批准或不批准的决策。若不批准，需指出存在的问题和改进方向，要求重新审核或补充相关资料。

第三节 档案、信息与保密管理

工程结算审核成果文件档案与信息管理对企业规范化运营至关重要，它不仅保护了企业的知识产权安全，防止技术文件、合同协议等关键资料泄露和丢失，还提升了企业运营效率和服务质量，优化信息获取、项目管理与决策。此外，便于成果质量的检查与追溯，保障成果文件的可靠性，同时满足法律法规要求。

一、档案管理

工程结算审核成果文件档案分为成果文件和过程文件两类。成果文件包括投资估算、设计概算、施工图预算、工程量清单、最高投标限价、竣工图纸、竣工结算审核报告、相关支撑性资料等；过程文件包括编制和审核人员的工作底稿、相应电子文件等。

工程造价咨询企业应按照国家有关档案管理及现行标准的规定，建立档案收集制度、统计制度、保密制度、借阅制度、库房管理制度及档案管理人员守则等。承担工程结算审核业务的项目负责人负责档案管理和信息管理，包括成果文件和过程文件的纸介、电子文件归档与文件目录编制，档案文件的借阅回收等。工程结算审核成果文件档案的保存期应符合国家相关规定。

二、信息管理

工程结算审核成果文件信息化管理是指造价咨询企业运用计算机及网络通信技术或工程造价数据分析系统，进行有效的信息化管理，实现工程数据的收集、筛选和分析等。

工程造价咨询企业应建立工程档案信息管理制度，充分利用计算机及网络通信技术进行有效的信息管理，包括工程造价数据库、典型工程数据库、工程计量与计价工具软件、全过程工程造价管理系统的建设、使用、维护和管理等。

三、保密管理

保密管理是指在档案与信息管理过程中，为确保档案和信息的安全性、保密性和完整性所采取的一系列措施，保密管理贯穿于档案管理和信息管理的全过程。

工程造价咨询企业应建立保密管理制度,严格遵守有关保密规定,对有关商业信息、财务信息、技术资料、生产资料及会议资料和文件,负保密责任。包括但不限于与研究、开发、生产、产品、服务、客户、市场有关的软件、程序、发明、工艺、设计、图纸、专有技术、工程、流程、方式、硬件配置信息、客户名单、员工信息、合同、价格、成本、研究报告、预测和估计、报表、商业计划、商业秘密、商业模式、公司决议等任何或所有的商业信息、财务信息、技术资料、生产资料及会议资料和文件。

参与项目人员应签署保密协议,不得将工程结算审核资料及信息用于本工程以外的其他目的,未经书面同意,不得披露给任何第三方。

附录 输电线路工程工程量清单计算规范差异分析

A.1 编制依据

《电力建设工程工程量清单计算规范 输电线路工程》（DL/T 5205—2021）

《输电线路工程工程量计算规范》（Q/GDW 11339—2023）

《电力建设工程预算定额（2018年版） 第四册 架空输电线路工程》

《电力建设工程预算定额（2018年版） 第五册 电缆输电线路工程》

A.2 编制内容

为规范输电线路工程结算编制与审核工作，适应各电力企业对工程造价咨询工作的要求，提升结算编制与审核工作质量、工作效率和效益，统计分析 DL/T 5205—2021（施工图设计阶段部分）与国家电网公司企业标准 Q/GDW 11339—2023 条款的差异，并针对行业标准和企业标准中清单项目对应定额子目进行梳理。

表 A－1、表 A－2 适用于电压等级为 35～750kV 交流架空输电线路工程，35～500kV 陆上电缆输电线路工程的新建、扩建、改建工程的工程结算编制和审核工作。表 A－1 和表 A－2 中 "*" 代表该项内容与 DL/T 5205—2021 相应项内容相同。

表 A－1　架空输电线路工程工程量清单计算规范差异分析

序号	DL/T 5205—2021（施工图设计深度）						Q/GDW 11339—2023（差异条款描述）						定额子目
	项目编码	项目名称	项目特征	计量单位	工程量计算规则	工作内容	项目编码	项目名称	项目特征	计量单位	工程量计算规则	工作内容	
一	基础工程（SA）												
（一）	基础土石方												
1	SA01	线路复测分坑	杆塔类型	基	按设计杆塔数量，以基计算	1. 复测桩位及档距 2. 测定位坑、坑界及施工基面、补桩 3. 平、断面的校核 4. 工器（机）具移运 5. 清理现场	A01	*	*	*	*	*	YX2-1～YX2-7
2	SA02	杆塔坑、拉线坑挖方及回填	1. 地质类别 2. 开挖深度步距	m³	按设计图示尺寸，以体积计算：体积=基础底面积（或基础垫层底面积）×开挖深度	1. 基坑挖方、堆土、修整 2. 坑内排水 3. 装拆挡土板及同填夯实 4. 工器（机）具移运 5. 清理现场	A02	*	1. * 2. * 3. 开挖方式	*	*	*	人工: YX2-8～YX2-79; 机械: YX2-80～YX2-88
3	SA03	挖孔基础挖方	1. 地质类别 2. 孔径步距 3. 孔深步距	m³	按设计图示尺寸，以体积计算	1. 场地平整、机具就退位 2. 机械开挖护筒装拆，钻（扩）孔、出（清）渣 3. 人工开挖坑内排水、送风、照明 4. 基坑挖方、坑边堆土、修整 5. 工器（机）具移运 6. 清理现场	A03	*	1. * 2. * 3. * 4. 开挖方式	1. * 2. m	按设计图示尺寸，以体积或孔深计算	*	人工: YX2-89～YX2-188; 机械: YX2-189～YX2-212

续表

注1: 土石方挖力及回填，按天然密实体积计算。

注2: 基础的基坑挖方及回填量足按设计尺寸的净量计算，不含施工操作裕度及放坡增加的尺寸，基坑放坡深应包括垫层厚度。

注3: 挖孔基础指掏挖挖基础、岩石底盘固式基础、挖孔基础。

注4: 项目特征中"地质类别"，按岩土工程勘测报告提供的地质资料描述。

注5: 项目特征中"步距"指数值区间，可参考定额步距描述。

注6: 设计要求换土(借土网填)，执行"回(换)填"清单项目。

注7: 项目特征中"开挖方式"指人工开挖或机械开挖，清单编制时也可不具体指明，但应注明由投标人根据施工现场实际情况自行综合考虑；当挖孔基础挖方采用人工开挖或采用机械开挖时，采用机械开挖时，计量单位按 m³ 计算，计量单位按 m 计算。

注8: 挖孔基础挖方的"孔径"指桩基础立柱有效直径，不含护壁。

注9: 杆塔坑、拉线坑挖方工程量及回填时，灌注桩承台内空钻体积不予扣减。

注10: 挖孔基础加护壁开挖时，如设计采用护壁，则挖方量应增加护壁开挖体积。

注11: 若发生 100m 以上的余土外运时，执行"苇方外运与处置"清单项目。

序号	项目编码	项目名称	DL/T 5205—2021 (施工图设计深度)				Q/GDW 11339—2023 (差异条款描述)						定额子目
			项目特征	工作内容	计量单位	工程量计算规则	项目编码	项目名称	项目特征	计量单位	工程量计算规则	工作内容	
(二)						基础钢材							
4	SA04	现浇基础(构件)钢筋	1. 种类 2. 规格	1. 材料运输、装卸 2. 钢筋加工制作 3. 整理、捆孔 4. 清理现场	t	按设计图示数量，以质量计算	A04	*	*	*	*	*	YX1-17; YX1-39; YX1-40; YX1-97; YX1-98; YX1-143; YX1-144; YX1-173～ YX1-178; YX1-203～ YX1-208; YX3-43
5	SA05	钢筋笼	1. 种类 2. 规格	1. 材料运输、装卸 2. 钢筋加工制作 3. 整理、捆孔 4. 清理现场	t	按设计图示数量，以质量计算	A05	*	*	*	*	*	YX1-17; YX1-39; YX1-40; YX1-97; YX1-98; YX1-143; YX1-144; YX1-173～ YX1-178; YX1-203～ YX1-208; YX3-44

续表

序号	DL/T 5205—2021（施工图设计深度）						Q/GDW 11339—2023（差异条款描述）						定额子目
	项目编码	项目名称	项目特征	计量单位	工程量计算规则	工作内容	项目编码	项目名称	项目特征	计量单位	工程量计算规则	工作内容	
6	SA06	地脚螺栓	1. 种类 2. 规格	t	按设计图示数量，以质量计算	1. 材料运输、装卸 2. 加工制作 3. 清理现场	A06	*	1. * 2. * 3. 防腐要求	*	*	1. * 2. 加工制作（含定位模板） 3. *	YX1-17; YX1-39; YX1-40; YX1-97; YX1-98; YX1-143; YX1-144; YX1-173~ YX1-178; YX1-203~ YX1-208; YX3-43
7	SA07	插入式角钢（或钢管）	1. 种类 2. 规格	t	按设计图示数量，以质量计算	1. 材料运输、装卸 2. 加工制作 3. 清理现场	A07	*	*	*	*	*	YX1-17; YX1-39; YX1-40; YX1-97; YX1-98; YX1-143; YX1-144; YX1-173~ YX1-178; YX1-203~ YX1-208; YX3-43

注1：地脚螺栓的附属材料计入地脚螺栓工程量，如箍筋、环形定位板等。

注2：基础护壁、排洪（水）沟、护坡、挡土（水）墙、围堰、防撞墩（墙）的钢筋计入现浇基础钢筋。

注1：地脚螺栓附属的锚固模板，不包括定位模板。

注2：基础护壁、排洪（水）沟、护坡、挡土（水）墙、围堰、防撞墩、岩石锚杆基础等计入现浇基础钢筋。

注3：基础爬梯参照陆上电缆建筑工程"钢构件"清单

序号	DL/T 5205—2021（施工图设计深度）						Q/GDW 11339—2023（差异条款描述）						定额子目
（三）					混凝土工程								
8	SA08	底盘	1. 杆塔型式 2. 每块质量 3. 每基块数	基	按设计图示数量，以基计算	1. 材料运输、装卸 2. 预制件坑口移运、组合、吊装 3. 操平、找正、四周培土 4. 工器（机）具移运 5. 清理现场	A08	*	*	*	*	*	YX1-6~YX1-11; YX1-17; YX1-23~ YX1-32; YX1-39; YX1-40; YX1-69~ YX1-80; YX1-97; YX1-98; YX1-119~ YX1-130; YX1-143; YX1-144; YX3-1~YX3-13

续表

序号	项目编码	项目名称	项目特征	计量单位	工程量计算规则	工作内容	项目编码	项目名称	项目特征	计量单位	工程量计算规则	工作内容	定额子目
			DL/T 5205—2021（施工图设计深度）						Q/GDW 11339—2023（差异条款描述）				
9	SA09	套筒	1. 每基根数 2. 每根质量	基	按设计图示数量，以基计算	1. 材料运输、装卸 2. 预制件抗口装运、组合、吊装 3. 操平、找正、固定 4. 套筒内加物填充物并捣固、加顶盖及灌浆 5. 工器（机）具移运 6. 清理现场	A09	*	*	*	*	*	YX1-6~YX1-11; YX1-22~YX1-32; YX1-45; YX1-46; YX1-69~YX1-80; YX1-107; YX1-108; YX1-119~YX1-130; YX1-153; YX1-154; YX3-14~YX3-17
10	SA10	卡盘	1. 每基块数 2. 每块质量	块	按设计图示数量，以块计算	1. 材料运输、装卸 2. 预制件抗口装运、组合、吊装 3. 操平、找正、固定（紧固） 4. 工器（机）具移运 5. 清理现场	A10	*	*	*	*	*	YX1-6~YX1-11; YX1-17; YX1-23~YX1-39; YX1-32~YX1-39; YX1-40; YX1-69~YX1-80; YX1-97; YX1-98; YX1-119~YX1-130; YX1-143; YX1-144; YX3-18~YX3-26
11	SA11	拉线盘	1. 每组块数 2. 每块质量步距	组	按设计图示数量，以组计算	1. 材料运输、装卸 2. 预制件抗口装运、组合、吊装 3. 操平、找正、固定 4. 拉线棒防腐、安装 5. 工器（机）具移运 6. 清理现场	A11	*	*	*	*	*	YX1-6~YX1-11; YX1-17; YX1-23~YX1-39; YX1-40; YX1-69~YX1-80; YX1-97; YX1-98; YX1-119~YX1-130; YX1-143; YX1-144; YX3-27~YX3-36

续表

序号	DL/T 5205—2021（施工图设计深度）						Q/GDW 11339—2023（差异条款描述）						定额子目
	项目编码	项目名称	项目特征	计量单位	工程量计算规则	工作内容	项目编码	项目名称	项目特征	计量单位	工程量计算规则	工作内容	
12	SA12	混凝土装配式基础	1.混凝土强度等级 2.每个基础混凝土步距	m³	按设计图示尺寸，以体积计算	1.材料运输、装卸、组合，吊装 2.基础抗口移运 3.接触面处理 4.操平、找正、紧固 5.二次灌浆 6.工器（机）具移运 7.清理现场	A12	*	混凝土强度等级	*	*	*	YX1-6~YX1-11；YX1-17；YX1-23~YX1-32；YX1-39；YX1-40；YX1-45；YX1-46；YX1-69~YX1-80；YX1-97；YX1-98；YX1-107；YX1-108；YX1-119~YX1-130；YX1-143；YX1-144；YX1-153；YX1-154；YX3-37~YX3-42
13	SA13	基础垫层	1.垫层类型 2.垫层底面积步距	m³	按设计图示尺寸，以体积计算	1.材料运输、装卸 2.模板制作安装及拆除 3.垫层铺设或混凝土制作，浇制，振捣，养护，基面抹平 4.工器（机）具移运 5.清理现场	A13	*	1.* 2.强度等级/灰土比 3.特殊要求	*	*	*	YX1-22；YX1-45；YX1-46；YX1-107；YX1-108；YX1-153；YX1-154；YX1-179~YX1-184；YX1-209~YX1-214；YX3-45~YX3-62
14	SA14	现浇基础	1.基础类型 2.混凝土强度等级 3.特殊要求	m³	按设计图示尺寸，以体积计算	1.材料运输、装卸 2.钢筋绑扎及安装 3.地脚螺栓（插入式角钢或钢管）安装 4.模板制作安装及拆除 5.混凝土制作，浇制，振捣，养护，基面抹平 6.工器（机）具移运 7.清理现场	A14	*	*	*	*	*	YX1-17；YX1-22；YX1-39；YX1-40；YX1-45；YX1-46；YX1-97；YX1-98；YX1-107；YX1-108；YX1-143；YX1-144；YX1-153；YX1-154；YX1-173~YX1-184；YX1-203~YX1-214；YX3-63~YX3-71；YX3-74~YX3-82

续表

序号	DL/T 5205—2021（施工图设计深度）						Q/GDW 11339—2023（差异条款描述）						定额子目
	项目编码	项目名称	项目特征	计量单位	工程量计算规则	工作内容	项目编码	项目名称	项目特征	计量单位	工程量计算规则	工作内容	
15	SA15	大体积混凝土基础	1. 混凝土强度等级 2. 特殊要求	m³	按设计图示尺寸，以体积计算	1. 材料运输、装卸 2. 钢筋绑扎及安装 3. 地脚螺栓（插入式或钢脚或钢管）安装 4. 模板制作及安装及拆除 5. 混凝土制作及浇制、振捣、养护，基面抹平 6. 温度控制工作 7. 工器（机）具移运 8. 清理现场	A15	*	*	*	*	*	YX1-17；YX1-22；YX1-39；YX1-40；YX1-45；YX1-46；YX1-97；YX1-98；YX1-107；YX1-108；YX1-143；YX1-144 YX1-153；YX1-154；YX1-173～YX1-173～YX1-184；YX1-203～YX1-203～YX1-214；YX3-73；YX3-83
16	SA16	挖孔基础浇灌	1. 基础类型 2. 孔深步距 3. 混凝土强度等级 4. 特殊要求	m³	按设计图示尺寸，以体积计算（不含护壁）	1. 材料运输、装卸 2. 钢筋笼吊装 3. 地脚螺栓（插入式或钢脚或钢管）安装 4. 模板制作及安装及拆除 5. 导管及漏斗装拆 6. 混凝土制作及浇灌、振捣、养护，基面抹平 7. 工器（机）具移运 8. 清理现场	A16	*	*	*	按设计图示尺寸，以体积计算	*	YX1-17；YX1-22；YX1-39；YX1-40；YX1-45；YX1-46；YX1-97；YX1-98；YX1-107；YX1-108；YX1-143；YX1-144；YX1-153；YX1-154；YX1-173～YX1-184；YX1-203～YX1-214；YX3-63～YX3-71；YX3-171～YX3-174；YX3-74～YX3-82；YX3-175～YX3-178

续表

序号	项目编码	项目名称	DL/T 5205—2021（施工图设计深度）				Q/GDW 11339—2023（差异条款描述）						定额子目
			项目特征	计量单位	工程量计算规则	工作内容	项目编码	项目名称	项目特征	计量单位	工程量计算规则	工作内容	
17	SA17	挖孔基础护壁	1. 护壁类型 2. 混凝土强度等级 3. 特殊要求	m³	按设计图示尺寸，以体积计算	1. 材料运输、装卸 2. 钢筋绑扎及安装 3. 模板制作安装及拆除 4. 混凝土制作浇制、振捣、养护 5. 预制件组合、吊装、找正、紧固 6. 工器（机）具移运 7. 清理现场	A17	*	*	*	*	*	YX1−17；YX1−22；YX1−39；YX1−40；YX1−45；YX1−46；YX1−97；YX1−98；YX1−107；YX1−108；YX1−143；YX1−144；YX1−153；YX1−154；YX1−173～YX1−184；YX1−203～YX1−214；YX3−192～YX3−194
18	SA18	灌注桩成孔	1. 地质类别 2. 桩径步距 3. 孔深步距	m	按打桩前自然地面标高至设计桩底的深度计算（包括桩头）	1. 材料运输、装卸 2. 钻台、钻架、水、电、护筒装拆及就位 3. 钻孔、供水、出渣、造浆、压泥浆、清孔、挤扩承力盘成型、盘径检测 4. 泥浆池挖、填 5. 泥浆外运及处置 6. 工器（机）具移运 7. 清理现场	A18	*	1. * 2. * 3. * 4. 泥浆外运运距	*	按打桩前地面标高至设计桩底的深度计算（不包括桩头长度）	*	YX1−22；YX1−45；YX1−46；YX1−108；YX1−153；YX1−154；YX1−179～YX1−184；YX1−209～YX1−214；YX3−96～YX3−170

续表

序号	DL/T 5205—2021（施工图设计深度）						Q/GDW 11339—2023（差异条款描述）						定额子目
	项目编码	项目名称	项目特征	计量单位	工程量计算规则	工作内容	项目编码	项目名称	项目特征	计量单位	工程量计算规则	工作内容	
19	—	—	—	—	—	—	A19	挤扩支盘桩挤扩部分	1.地质类别 2.孔径步距 3.孔深步距	根	按设计数量，以根数计算	1.材料运输、装卸 2.机具就位 3.支盘成型机拆、泥浆池挖、填造浆、压浆、盘径检测 4.挤扩承力盘成孔 5.泥浆外运及处置 6.工器（机）具移运 7.清理现场	YX1－22; YX1－45; YX1－46; YX1－107; YX1－108; YX1－153; YX1－154; YX1－179～YX1－184; YX1－209～YX1－214; YX3－159～YX3－170
20	SA19	灌注桩浇灌	1.孔深步距 2.混凝土强度等级 3.特殊要求	m	按设计桩截面乘以设计桩长，以体积计算（包括桩尖）	1.材料运输、装卸 2.钢筋笼吊装 3.地脚螺栓式角钢或钢管（插入）安装 4.导管及漏斗安拆 5.超声波测管安装 6.混凝土制作、浇灌、养护 7.凿桩头及钢筋调整 8.工器（机）具移运 9.清理现场	A20	*	*	*	按设计桩截面乘以设计桩长，以体积计算（不包括桩头体积）	1.材料运输、装卸 2.钢筋笼吊装 3.地脚螺栓式角钢或钢管（插入）安装 4.导管及漏斗安拆 5.超声波测管安装 6.混凝土制作、浇灌、养护 7.凿桩头及钢筋调整 8.工器（机）具移运 9.清理现场	YX1－17; YX1－22; YX1－39; YX1－40; YX1－45; YX1－46; YX1－97; YX1－98; YX1－107; YX1－108; YX1－143; YX1－144; YX1－153; YX1－154; YX1－173～YX1－184; YX1－203～YX1－214; YX3－171～YX3－174; YX3－175～YX3－180

续表

序号	DL/T 5205—2021（施工图设计深度）						Q/GDW 11339—2023（差异条款描述）						定额子目
	项目编码	项目名称	项目特征	计量单位	工程量计算规则	工作内容	项目编码	项目名称	项目特征	计量单位	工程量计算规则	工作内容	
21	SA20	预制桩基础	1.桩类型 2.桩径步距 3.桩长步距 4.接桩方式	m³	按设计桩截面积乘以桩长，以实体积计算（包括桩尖）	1.材料运输、装卸 2.定位、准备 3.打桩、送桩、接桩、载桩 4.桩尖加工制作安装 5.工器具（机）具移运 6.清理现场	A21	*	*	*	*	*	YX1-6~YX1-11; YX1-23~YX1-32; YX1-69~YX1-80; YX1-119~YX1-130; YX3-182~YX3-189
22	SA21	钢管桩基础	1.型号规格 2.桩长步距	根	按设计数量，以根数计算	1.材料运输、装卸 2.定位、准备 3.打桩 4.工器具（机）具移运 5.清理现场	A22	*	*	*	*	*	YX1-17; YX1-39; YX1-40; YX1-97; YX1-98; YX1-143; YX1-144; YX1-173~YX1-178 YX1-203~YX1-208; YX3-190; YX3-191
23	SA22	岩石锚杆基础	1.孔径步距 2.孔深步距 3.混凝土强度等级	m	按设计图示尺寸，以孔深计算	1.材料运输、装卸 2.清基定孔、装卸钻机、取水、钻孔、洗孔 3.混凝土制作、浇灌钢筋修整安装、浇灌 4.工器具（机）具其移运 5.清理现场	A23	*	1.* 2.* 3. 4.特殊要求	*	*	*	YX1-17; YX1-22; YX1-39; YX1-40; YX1-45; YX1-46; YX1-97; YX1-98; YX1-107; YX1-108; YX1-143; YX1-144; YX1-153; YX1-154; YX1-173~YX1-184; YX1-203~YX1-214; YX3-84~YX3-95

续表

序号	DL/T 5205—2021（施工图设计深度）						Q/GDW 11339—2023（差异条款描述）						定额子目
	项目编码	项目名称	项目特征	计量单位	工程量计算规则	工作内容	项目编码	项目名称	项目特征	计量单位	工程量计算规则	工作内容	
24	SA23	树根桩基础	混凝土强度等级	m³	按设计图示尺寸，以体积计算	1. 材料运输、装卸、清孔 2. 钻孔、成孔、清孔 3. 钢筋及注浆管安装、拔管，填骨料、压注浆 4. 工器（机）具移运 5. 清理现场	A24	*	1. * 2. 特殊要求	*	*	*	YX1-17; YX1-22; YX1-39; YX1-40; YX1-45; YX1-46; YX1-97; YX1-98; YX1-107; YX1-108; YX1-143; YX1-144; YX1-153; YX1-154; YX1-173～YX1-184; YX1-203～YX1-214; YX3-181
25	—	—	—	—	—	—	A25	螺旋锚基础（锚）	1. 单承台锚数 2. 单锚锚次数	根	按设计数量，以根数计算	1. 材料运输、装卸 2. 测量、放桩位线 3. 导向桩、延长桩旋入 4. 接桩、桩端切割打磨 5. 工器（机）具移运 6. 清理现场	YX1-17; YX1-22; YX1-39; YX1-40; YX1-45; YX1-46; YX1-97; YX1-98; YX1-107; YX1-108; YX1-143; YX1-144; YX1-153; YX1-154; YX1-173～YX1-184; YX1-203～YX1-214; 《国家电网有限公司电力建设定额站关于颁布螺旋锚基础工程补充定额（试行）的通知》（国家电网电定〔2020〕28号）补充定额 BG-YX3-1～BG-YX3-5

续表

序号	DL/T 5205—2021（施工图设计深度）							Q/GDW 11339—2023（差异条款描述）						定额子目
	项目编码	项目名称	项目特征	计量单位	工程量计算规则	工作内容		项目编码	项目名称	项目特征	计量单位	工程量计算规则	工作内容	
26	—	—	—	—	—	—		A26	螺旋锚基础（承台）	单承台锚数	个	按设计计数量，以个数计算	1. 材料运输、装卸 2. 安装作业面开挖及回填 3. 钢承台安装 4. 探伤、刷防腐涂刷 5. 工器（机）具运移 6. 清理现场	YX1-17；YX1-22；YX1-39；YX1-40；YX1-45；YX1-46；YX1-97；YX1-98；YX1-107；YX1-108；YX1-143；YX1-144；YX1-153；YX1-154；YX1-173～YX1-184；YX1-203～YX1-214；《国家电网有限公司电力建设工程补充定额关于颁布螺旋锚基础工程补充定额（试行）国家电网电定（2020）28号补充定额BG-YX3-6～BG-YX3-9
27	SA24	保护帽	混凝土强度等级	m³	按设计图示尺寸，以体积计算	1. 材料运输、装卸 2. 模板制作安装及拆除 3. 混凝土制作及浇制、振捣养护 4. 工器（机）具运移 5. 清理现场		A27	*	*	*	*	*	YX1-17；YX1-22；YX1-39；YX1-40；YX1-45；YX1-46；YX1-97；YX1-98；YX1-107；YX1-108；YX1-143；YX1-144；YX1-153；YX1-154；YX1-173～YX1-184；YX1-203～YX1-214；YX3-72

续表

序号	DL/T 5205—2021（施工图设计深度）						Q/GDW 11339—2023（差异条款描述）						定额子目
	项目编码	项目名称	项目特征	工作内容	计量单位	工程量计算规则	项目编码	项目名称	项目特征	计量单位	工程量计算规则	工作内容	
28	—	—	—	—	—	—	A28	声测管	1.材质、规格 2.连接要求	m	按设计图示尺寸，以长度计算	1.材料运输、装卸 2.声测管（含接头）制作、安装 3.清洗管道 4.工器（机）具移运 5.清理现场	无定额

注1：现浇基础的项目特征中"基础类型"指板式基础、刚性基础、基础承台、基础联系梁梁等；挖孔基础特征的项目特征中"基础类型"指掏挖基础、岩石嵌固基础、挖孔桩基础等。
注2："大体积混凝土基础"是指在设计文件中已明确要求混凝土浇制中采取温度控制措施的混凝土基础。
注3：预制桩项目特征中"桩类型"指混凝土实心方桩、空心方桩和预应力管桩。
注4：基础混凝土工程量为设计图示净量，不含充盈量及加灌量。
注5：基础混凝土项目特征中"特殊要求"指混凝土中的特殊要求，如设计明确混凝土中添加防冻剂、防水剂、阻锈剂、速凝剂等。
注6：项目特征中"护壁类型"指有防护现浇护壁、无筋现浇护壁、预制护壁。
注7：项目特征中"步距"指数值区间，可参考定额步距描述。
注8：项目特征中"地质类别"，按岩石工程勘测报告提供的地质资料描述
注9：泥浆外运运距可以不描述，但应注明由投标人根据施工现场实际情况自行考虑

（四）基础防护

序号	DL/T 5205—2021（施工图设计深度）						Q/GDW 11339—2023（差异条款描述）						定额子目
	项目编码	项目名称	项目特征	工作内容	计量单位	工程量计算规则	项目编码	项目名称	项目特征	计量单位	工程量计算规则	工作内容	
29	SA25	基础防腐	防腐材料	—	m²	按设计图示尺寸，以表面积计算	A29	*	*	*	*	*	1.材料运输、装卸 2.基础表面清理 3.表面涂刷防腐材料 4.工器（机）具移运 5.清理现场	YX1-22; YX1-45; YX1-46; YX1-107; YX1-108; YX1-153; YX1-154; YX1-179～ YX1-184; YX1-209～ YX1-214; YX3-195; YX3-196

续表

序号	DL/T 5205—2021（施工图设计深度）						Q/GDW 11339—2023（差异条款描述）						定额子目
	项目编码	项目名称	项目特征	计量单位	工程量计算规则	工作内容	项目编码	项目名称	项目特征	计量单位	工程量计算规则	工作内容	
30	SA26	基础阴极保护	1. 阳极材质、规格 2. 测试桩材质、规格 3. 参比电极材质、规格	1. 套 2. 处	按设计数量，以套（处）计算	1. 材料运输、装卸 2. 外观检查 3. 埋设接合金阳极、测试桩、参比电极、接点放热焊接运 4. 工器（机）具移运 5. 清理现场	A30	*	*	*	*	*	YX1-22; YX1-45; YX1-46; YX1-107; YX1-108; YX1-153; YX1-154; YX1-179～YX1-184; YX1-209～YX1-214; YX3-197; YX3-198
二	杆塔工程（编码SB）												
31	SB01	混凝土杆组立	1. 杆型 2. 每基质量步距 3. 拉线特征	基	按设计数量，以基计算	1. 材料运输、装卸 2. 排杆、连（焊）接、封顶、组装、防腐 3. 组立、校正 4. 拉线制作及安装 5. 零星补刷油漆 6. 工器（机）具移运 7. 清理现场	B01	*	*	*	*	*	YX1-1～YX1-5; YX1-12～YX1-17; YX1-47～YX1-56; YX1-81～YX1-86; YX1-97; YX1-98; YX1-109～YX1-118; YX1-131～YX1-136; YX1-143; YX1-144; YX4-1～YX4-12; YX4-152～YX4-156
32	SB02	钢管杆组立	1. 杆型 2. 每基质量步距	基	按设计数量，以基计算	1. 材料运输、装卸、支垫 2. 地面排列、组合连接 3. 立杆吊装和调整 4. 零星补刷油漆 5. 工器（机）具移运 6. 清理现场	B02	*	*	t	按设计图示数量，以质量计算	*	YX1-57～YX1-68; YX4-13～YX4-32

续表

序号	DL/T 5205—2021（施工图设计深度）						Q/GDW 11339—2023（差异条款描述）						定额子目
	项目编码	项目名称	项目特征	计量单位	工程量计算规则	工作内容	项目编码	项目名称	项目特征	计量单位	工程量计算规则	工作内容	
33	SB03	拉线塔组立	1. 拉线特征 2. 塔全高步距	t	按设计图示数量，以质量计筑	1. 材料运输、装卸 2. 拉线塔组立 3. 塔身调整，螺栓紧固及防松防盗 4. 拉线制作及安装 5. 零足补刷油漆 6. 工器（机）具移运 7. 清理现场	B03	*	*	*	*	*	YX1－20；YX1－21；YX1－41～YX1－44；YX1－103～YX1－106；YX1－149～YX1－152；YX1－155～YX1－160；YX1－185～YX1－190；YX4－33～YX4－88；YX4－152～YX4－156
34	SB04	自立塔组立	1. 铁塔类型 2. 塔全高步距	t	按设计图示数量，以质量计算	1. 材料运输、装卸 2. 点配料，地面支垫，组合 3. 现场布置，吊装 4. 塔身调整，螺栓紧固及防松防盗 5. 零星补刷油漆 6. 工器（机）具移运 7. 清理现场	B04	*	*	*	*	*	YX1－20；YX1－21；YX1－41～YX1－44；YX1－103～YX1－106；YX1－149～YX1－152；YX1－155～YX1－160；YX1－185～YX1－190；YX4－33～YX4－144
35	SB05	钢管塔管内灌注混凝土	1. 灌注高度步距 2. 混凝土强度等级	m³	按设计图示尺寸，以体积计算	1. 材料运输、装卸 2. 泵车布置、管道安装 3. 操作平台、导管吊装 4. 泵车送料 5. 导管下料、提拔导管 6. 工器（机）具移运 7. 清理现场	B05	*	*	*	*	*	YX4－145～YX4－151

续表

序号	DL/T 5205—2021（施工图设计深度）						Q/GDW 11339—2023（差异条录描述）						定额子目
	项目编码	项目名称	项目特征	计量单位	工程量计算规则	工作内容	项目编码	项目名称	项目特征	计量单位	工程量计算规则	工作内容	
36	SB06	杆塔刷漆	1. 杆塔类型 2. 油漆种类	t	按杆塔设计图示数量，以质量计算	1. 材料运输、装卸 2. 表面除垢、清洗 3. 涂刷底漆、面漆 4. 工器（机）具移运 5. 清理现场	B06	*	*	*	*	*	YX4－157；YX4－158
三	接地工程（编码 SC）												
37	SC01	接地槽挖方及回填	地质类别	m³	按设计图示尺寸，以体积计算	1. 接地槽挖方或爆破、修整 2. 回填夯实 3. 工器（机）具移运 4. 清理现场	C01	*	*	*	*	*	YX1－22；YX1－45； YX1－46；YX1－107； YX1－108；YX1－153； YX1－154；YX1－179～ YX1－184；YX1－209～ YX1－214； YX2－213～YX2－219

注1：薄壁离心混凝土钢管杆组立，执行"钢管杆组立"清单项目。
注2：混凝土杆质量包含杆身自重和横担、不包含基础、避雷器支架等全部杆身组合构件的质量。
注3：自立塔、拉线塔质量包含塔身、脚钉、爬梯、电梯井架、避雷器支架等全部部件身组合构件的质量，不包含基础、接地、拉线组、绝缘子金具串的质量。
注4：混凝土杆组立的项目特征中"杆型"为单杆（整根、分段）、双杆（整根、分段）、三联杆。钢管杆组立的项目特征中"杆型"为整根、分段。
注5：项目特征中"铁塔类型"为角钢塔、钢管塔。
注6：项目特征中"塔全高"为铁塔最长腿基础顶面到塔头顶的总高度。
注7：项目特征中"步距"指数值区间，可参考定额子目 H 步距描述。
注8：项目特征中"拉线特征"为拉线规格、拉线型式、拉线组数和每组根数、拉线高度和组线夹形式

续表

序号	DL/T 5205—2021（施工图设计深度） 项目编码	项目名称	项目特征	计量单位	工程量计算规则	工作内容	Q/GDW 11339—2023（差异条款描述） 项目编码	项目名称	项目特征	计量单位	工程量计算规则	工作内容	定额子目
38	SC02	垂直接地体安装	1.地质类别 2.接地体材质 3.接地体长度	根	按设计图示数量，以根计算	1.材料运输、装卸 2.接地体加工及制作 3.垂直接地装或钻孔填充 4.降阻剂填充 5.工器（机）具移运 6.清理现场	C02	*	1.接地型式 2.降阻材料 3.接地体材质	*	*	*	YX1-17; YX1-39; YX1-40; YX1-97; YX1-98; YX1-143; YX1-144; YX1-173～ YX1-178; YX1-203～ YX1-208; YX3-203～YX3-205; YX3-203～208
39	SC03	水平接地体安装	1.接地型式 2.降阻材料 3.接地体材质 4.每基接地体长度	m	按设计图示尺寸，以长度计算	1.材料运输、装卸 2.接地体加工及制作 3.水平接地体敷设、连接（或放热焊接）、防腐 4.降阻剂拌合、缠包 5.接地模块安装 6.接地电阻测量 7.接地体引下线的安装 8.工器（机）具移运 9.清理现场	C03	*	1.接地型式 2.降阻材料 3.接地体材质	*	*	1.材料运输、装卸 2.接地体加工及制作 3.水平接地体敷设、连接（或放热焊接）、防腐 4.降阻剂拌合、缠包 5.接地电阻测量 6.接地体引下线的安装 7.工器（机）具移运 8.清理现场	YX1-17; YX1-39; YX1-40; YX1-97; YX1-98; YX1-143; YX1-144; YX1-173～ YX1-178; YX1-203～ YX1-208; YX3-203; YX3-206; YX3-207; YX3-209; YX3-212（企标不含）; YX3-213（企标不含）; YX3-214

序号	DL/T 5205—2021（施工图设计深度）						Q/GDW 11339—2023（差异条款描述）						定额子目
	项目编码	项目名称	项目特征	计量单位	工程量计算规则	工作内容	项目编码	项目名称	项目特征	计量单位	工程量计算规则	工作内容	
40	SC04	非开挖接地	1. 地质类别 2. 接地体材质	m	按设计图示尺寸，以长度计算	1. 材料运输、装卸 2. 工作坑开挖 3. 泥浆制作 4. 钻机锚固，钻孔、注浆、成孔 5. 接地体回牵敷设 6. 接地连接（焊接） 7. 接地电阻测量 8. 泥浆外运及处置 9. 工器（机）具移运 10. 清理现场	C04	*	*	*	*	*	YX1-17; YX1-22; YX1-39; YX1-40; YX1-45; YX1-46; YX1-97; YX1-98; YX1-107; YX1-108; YX1-143; YX1-144; YX1-153; YX1-154; YX1-173~YX1-184; YX1-203~YX1-214; YX3-210~YX3-211; YX3-214
41	—	—	—	—	—	—	C05	接地模块安装	型号、规格	块	按设计图示块数量，以块计算	1. 材料运输、装卸 2. 接地模块安装 3. 工器（机）具移运 4. 清理现场	YX1-17; YX1-39; YX1-40; YX1-97; YX1-98; YX1-143; YX1-144; YX1-173~YX1-178; YX1-203~YX1-208; YX3-213
42	—	—	—	—	—	—	C06	混凝土高杆接地引下线	型号、规格	根	按设计图示根数量，以根计算	1. 材料运输、装卸 2. 接地体连接 3. 工器（机）具移运 4. 清理现场 空引下线安装高	YX1-17; YX1-39; YX1-40; YX1-97; YX1-98; YX1-143; YX1-144; YX1-173~YX1-178; YX1-203~YX1-208; YX3-212

注 1: *
注 2: *

注 1: 项目特征中"地质类别"，按岩土工程勘测报告提供的地质资料描述。
注 2: 接地槽土方设计要求换土（借土回填），执行"回（换）填"清单项目

续表

四　架线工程（编码 SD）

序号	项目编码	DL/T 5205—2021（施工图设计深度）					Q/GDW 11339—2023（差异条款描述）						定额子目
		项目名称	项目特征	计量单位	工程量计算规则	工作内容	项目编码	项目名称	项目特征	计量单位	工程量计算规则	工作内容	
43	SD01	避雷线架设	1.型号、规格 2.是否随导线同期架设	km	按设计线路直长，以单根长度计算	1.材料运输、装卸 2.牵、张场场地建设 3.导引绳展放 4.放、紧线 5.弧垂观测，信号联络，杆塔监护 6.直线接头连接，耐张终端头制作和挂线、附件（除防振锤）安装 7.工器（机）具移运 8.清理现场	D01	*	*	*	*	*	YX1—12～YX1—17；YX1—33～YX1—40；YX1—81～YX1—98；YX1—131～YX1—144；YX1—161～YX1—178；YX1—191～YX1—208；YX5—1～YX5—7；YX5—18～YX5—23；YX5—28；YX5—29；YX5—32～YX5—35
44	SD02	OPGW架设	1.型号、规格 2.芯数 3.是否随导线同期架设	km	按设计线路直长，以单根长度计算	1.材料运输、装卸 2.牵、张场场地建设 3.导引绳展放 4.放、紧线 5.弧垂观测，信号联络，杆塔监护 6.单盘测量，全程测量 7.直线接头连接，耐张终端头制作和挂线、附件（除防振锤）安装 8.工器（机）具移运 9.清理现场	D02	*	1.型号、规格 2.是否随导线同期架设	*	*	1.材料运输、装卸 2.牵、张场场地建设 3.导引绳展放 4.放、紧线 5.弧垂观测，信号联络，杆塔监护 6.直线接头连接，耐张终端头制作和挂线、附件（除防振锤）安装 7.工器（机）具移运 8.清理现场	YX1—12～YX1—17；YX1—33～YX1—40；YX1—81～YX1—98；YX1—131～YX1—144；YX1—161～YX1—178；YX1—191～YX1—208；YX5—18；YX5—23；YX5—28～YX5—31；YX5—205～YX5—231（企标不含）

续表

序号	DL/T 5205—2021（施工图设计深度）						Q/GDW 11339—2023（差异条款描述）						定额子目
	项目编码	项目名称	项目特征	计量单位	工程量计算规则	工作内容	项目编码	项目名称	项目特征	计量单位	工程量计算规则	工作内容	
45	SD03	导线架设	1.型号、规格 2.回路数 3.相分裂数 4.单回OPPC根数	km	按设计线路百长，以长度计算	1.材料运输、装卸 2.张场场地建设 3.导引绳展放 4.放、紧线 5.弧垂观测、信号联络，护线及锚线，杆塔监护 6.直线接头连接 7.OPPC单盘测量、接续、全程测量 8.工器（机）具移运 9.清理现场	D03	*	*	*	*	1.材料运输、装卸 2.牵、张场场地建设 3.导引绳展放 4.放、紧线 5.弧垂观测，信号联络，护线及锚线，杆塔监护 6.直线接头连接 7.工器（机）具移运 8.清理现场	YX1-12~YX1-17; YX1-33~YX1-40; YX1-81~YX1-98; YX1-131~YX1-144; YX1-173~YX1-178; YX1-203~YX1-208; YX5-8~YX5-29; YX5-36~YX5-79; YX5-205~YX5-231（企标不含）
46	—	—	—	—	—		D04	OPGW、OPPC单盘测量	1.型号、规格 2.芯数	盘	按设计图示数量，以盘计算	1.测量准备 2.开缆盘、切缆，测量，清洗光纤、记录数据，盘头 3.工器（机）具移运 4.清理现场	YX5-205~YX5-213
47	—	—	—	—	—		D05	OPGW、OPPC接续	1.型号、规格 2.芯数 3.OPGW窗口数量	接头	按设计图示数量，以接头计算	1.接续准备，上杆塔固定 2.剥缆线、接续、清洗、熔接，测试纤盘、复测、封盘，盘缆、上杆塔收纳及固定 3.工器（机）具移运 4.清理现场	YX5-214~YX5-222

续表

序号	DL/T 5205—2021（施工图设计深度）						Q/GDW 11339—2023（差异条款描述）						定额子目
	项目编码	项目名称	项目特征	计量单位	工程量计算规则	工作内容	项目编码	项目名称	项目特征	计量单位	工程量计算规则	工作内容	
48	—	—	—	—	—	—	D06	OPGW、OPPC全程测量	1. 型号、规格 2. 芯数 3. 每段长度	段	按设计图示数量，以段计算	1. 测量准备 2. 测量、记录、封盒 3. 工器（机）具移运 4. 清理现场	YX5-223～YX5-231
49	SD04	耦合屏蔽线架设	型号、规格	km	按设计线路亘长，以单根长度计算	1. 材料运输、装卸 2. 放、紧线 3. 弧垂观测、信号联络、护线及杆塔监护 4. 直线接头连接、耐张终端头制作和挂线、附件（除防振锤）安装 5. 工器（机）具移运 6. 清理现场	D07	*	*	*	*	*	YX1-12～YX1-17; YX1-33～YX1-40; YX1-81～YX1-98; YX1-131～YX1-144; YX1-173～YX1-178; YX1-203～YX1-208; YX5-199～YX5-204
50	—	—	—	—	—	—	D08	老线路导、地线弧垂调整	1. 型号、规格 2. 相分裂数	耐张段/相（极）	按设计图示数量，以耐张段/相（极）计算	1. 放、紧线准备 2. 号、地线弧垂调整，弧垂观测及信号联络 3. 工器（机）具移运 4. 清理现场	《电网检修工程预算定额（2020年版）第二册》架空线路工程》XYX4-29～XYX4-56

续表

序号	DL/T 5205—2021（施工图设计深度）						Q/GDW 11339—2023（差异条款描述）						定额子目
	项目编码	项目名称	项目特征	计量单位	工程量计算规则	工作内容	项目编码	项目名称	项目特征	计量单位	工程量计算规则	工作内容	
51	SD05	交叉跨越	1. 被跨越物名称 2. 被跨越电力线回路数 3. 被跨越电力线带电状态 4. 被跨越电力线电压等级 5. 在建线路单侧导线最大水平排列相数 6. 公路双向车道数 7. 铁路上下行线数 8. 河宽步距	处	按设计跨越数量，以处计算	1. 跨越架材料运输 2. 跨越架搭拆 3. 跨越带电电力线 4. 放、紧线时跨越架的监护 5. 工器具（机）其移运 6. 清理现场	D09	*	1. 在建线路回路数 2. 被跨越物名称 3. 被跨越电力线回路数 4. 被跨越电力线带电状态 5. * 6. * 7. * 8. *	*	*	*	YX5－80～YX5－192
52	SD06	特殊跨越	1. 跨越架形式 2. 跨越架横担上部高度或跨越架跨度	处	按设计跨越数量，以处计算	1. 跨越架材料运输 2. 跨越架搭拆 3. 放、紧线时跨越架的监护 4. 工器具（机）其移运 5. 清理现场	D10	*	1. 被跨越物名称 2. 被跨越物特征	*	*	*	YX5－193～YX5－198
53	SD07	穿越电力线	被穿越电力线电压等级	处	按设计穿越数量，以处计算	1. 穿越架材料运输 2. 穿越架搭拆 3. 放、紧线时穿越架的监护 4. 工器具（机）具移运 5. 清理现场	D11	*	1. * 2. 被穿越带电力线电压等级	*	*	*	YX5－116～YX5－167

续表

注1: 同塔混压多回路导线架设时，在项目特征"回路数"中描述不同电压的回路路数。同塔多回导线架设时，如同塔二回，路数架设第二回。

注2: 特殊跨越是采用非脚手架塔设方式跨越被跨越物的形式。

注3: 项目特征中"步距"指数值区间，可参考定额子目步距描述。

注1: *

注2: *

注3: *

注4: 普通光缆、ADSS光缆等通信光缆执行变电工程中通信线路相关清单项目。

注5: 项目特征中"被跨越物特征"为被跨越物的标高、宽度，所处环境等

序号	DL/T 5205—2021（施工图设计深度）						Q/GDW 11339—2023（差异条款描述）						定额子目
	项目编码	项目名称	项目特征	计量单位	工程量计算规则	工作内容	项目编码	项目名称	项目特征	计量单位	工程量计算规则	工作内容	
五					附件工程（编码 SE）								
54	SE01	导线耐张串	1.电压等级 2.绝缘子、金具串名称及型号 3.组合形式 4.导线分裂数	组	按设计数量，以组计算	1.材料运输、装卸 2.绝缘子绝缘测定 3.锚线、割线，终端头制作 4.绝缘子串组合，安装及连接和挂线，调整 5.均压环、屏蔽环安装 6.工器（机）具移运 7.清理现场	E01	导线耐张金具绝缘子串	*	*	*	*	YX1-17~YX1-19; YX1-39; YX1-40; YX1-97~YX1-102; YX1-143~YX1-148; YX1-161~YX1-178; YX1-191~YX1-208; YX6-1~YX6-20; YX6-90; YX6-92; YX6-94; YX6-96; YX6-98; YX6-100
55	SE02	导线悬垂、跳线串	1.电压等级 2.金具串名称 3.绝缘子型号 4.组合形式 5.导线分裂数	串	按设计数量，以串计算	1.材料运输、装卸 2.绝缘子绝缘测定 3.金具、绝缘子串组合与悬垂或跳线式绝缘子（或竖横担）固定 4.线夹（含预绞丝线夹）安装 5.均压环安装 6.工器（机）具移运 7.清理现场	E02	*	*	*	*	*	YX1-17~YX1-19; YX1-39; YX1-40; YX1-97~YX1-102; YX1-143~YX1-148; YX1-161~YX1-178; YX1-191~YX1-208; YX6-21~YX6-89; YX6-91; YX6-93; YX6-95; YX6-97; YX6-99

续表

序号	DL/T 5205—2021（施工图设计深度）						Q/GDW 11339—2023（差异条款描述）						定额子目
	项目编码	项目名称	项目特征	计量单位	工程量计算规则	工作内容	项目编码	项目名称	项目特征	计量单位	工程量计算规则	工作内容	
56	SE03	跳线制作及安装	1.电压等级 2.跳线类例 3.导线分裂数	1.单相 2.单极	按设计数量，以单相（单极）计算	1.材料运输、装卸 2.跳线丈量、切割、连接、整理 3.刚性跳线组装（含间隔棒）4.电气间隙测定 5.工器（机）具移运 6.清理现场	E03	*	*	*	*	*	YX1-17~YX1-19; YX1-39; YX1-40; YX1-97~YX1-102; YX1-143~YX1-148; YX1-161~YX1-178; YX1-191~YX1-208; YX6-152~YX6-171
57	SE04	防振锤	规格或型号	个	按设计数量，以个计算	1.材料运输、装卸 2.安装及调整 3.工器（机）具移运 4.清理现场	E04	*	*	*	*	*	YX1-17; YX1-39; YX1-40; YX1-97; YX1-98; YX1-143; YX1-144; YX1-173~YX1-178; YX1-203~YX1-208; YX6-101~YX6-105
58	SE05	导线间隔棒	规格或型号	个	按设计数量，以个计算	1.材料运输、装卸 2.测距及安装 3.工器（机）具移运 4.清理现场	E05	*	*	*	*	*	YX1-17; YX1-39; YX1-40; YX1-97; YX1-98; YX1-143; YX1-144; YX1-173~YX1-178; YX1-203~YX1-208; YX6-106~YX6-109
59	SE06	相间间隔棒	规格或型号	组	按设计数量，以组计算	1.材料运输、装卸 2.安装及均压环、屏蔽环、绝缘子组件安装 3.工器（机）具移运 4.清理现场	E06	*	*	*	*	*	YX1-17; YX1-39; YX1-40; YX1-97; YX1-98; YX1-143; YX1-144; YX-161~YX1-166; YX1-173~YX1-178; YX1-191~YX1-196; YX1-203~YX1-208; YX6-89~YX6-100; YX6-110~YX6-116

续表

序号	项目编码	项目名称	DL/T 5205—2021（施工图设计深度）项目特征	计量单位	工程量计算规则	工作内容	Q/GDW 11339—2023（差异条款描述）项目编码	项目名称	项目特征	计量单位	工程量计算规则	工作内容	定额子目
60	SE07	重锤	规格或型号	1.单相 2.单极	按设计计数量，以单相（单极）计算	1.材料运输、装卸 2.安装及调整 3.工器（机）具移运 4.清理现场	E07	*	*	*	*	*	YX1-17；YX1-39；YX1-40；YX1-97；YX1-98；YX1-143；YX1-144；YX1-173～YX1-178；YX1-203～YX1-208；YX6-117～YX6-125
61	SE08	阻尼线	1.规格或型号 2.导线截面 3.导线分裂数	1.单相 2.单极	按设计计数量，以单相（单极）计算	1.材料运输、装卸 2.线材丈量与切割 3.安装、花边调整及安装夹紧固 4.工器（机）具移运 5.清理现场	E08	*	*	*	*	*	YX1-17；YX1-39；YX1-40；YX1-97；YX1-98；YX1-143；YX1-144；YX1-173～YX1-178；YX1-203～YX1-208；YX6-126～YX6-149
62	SE09	阻冰环	规格或型号	个	按设计计数量，以个计算	1.材料运输、装卸 2.安装及调整 3.工器（机）具移运 4.清理现场	E09	*	*	*	*	*	YX1-17；YX1-39；YX1-40；YX1-97；YX1-98；YX1-143；YX1-144；YX1-173～YX1-178；YX1-203～YX1-208；YX6-150～YX6-151

注1：号线悬垂串、跳线串和导线耐张串清单项目工作内容含连接金具、绝缘子、线夹、预绞丝、护线条、跳线串、均压环、屏蔽环等安装。
注2：号线悬垂串、跳线串项目计量单位中"金具串名称"指垂串。
注3：号线耐张串清单项目计量单位中"组"是指单侧单相为一组。
注4：号线悬垂串、包含单联、多联，多联之间通过金具连接，可独立施工；如多联之间无金具相连，彼此保持相互独立，上下有独立的挂点，为两串或多串缘子串"串"。
注5：金具制作及安装清单项目不包括软跳线间隔棒安装，发生时执行SE05"号跳线间隔棒"清单。
注6：项目特征中"跳线类型"指软跳线、刚性跳线

注1：*
注2：*
注3：*
注4：*
注5：*
注6：*

续表

序号	DL/T 5205—2021（施工图设计深度）					Q/GDW 11339—2023（差异条款描述）						定额子目
	项目编码	项目名称	项目特征	计量单位	工程量计算规则	工作内容	项目编码	项目名称	项目特征	计量单位	工程量计算规则	工作内容	
六	辅助工程（编码 SF）												
63	SF01	输电线路试运（水）	1.电压等级 2.线路长度 3.同塔等同时试运回路数	回路	按设计数量，以回路计算	1.受电前检查 2.线路参数测量 3.受电时一、二次回路定相、核相 4.电流、电压、测量、保护、合环、同期回路检查 5.冲击合闸实验 6.试运行 7.工器器（机）具移运 8.清理现场	F01	*	1.电压等级 2.线路长度	*	*	*	YX7－127～YX7－133
64	SF02	尖峰、基面、排洪（水）沟、护坡、挡土（水）墙、防撞墩（墙）土石方开挖	1.名称 2.地质类别	m³	按设计图示尺寸、以体积计算	1.挖方或爆破、修整 2.排水 3.工器（机）具移运 4.清理现场	F02	*	*	*	*	*	YX2－220～YX2－230

133

续表

序号	DL/T 5205—2021（施工图设计深度）						Q/GDW 11339—2023（差异条款描述）						定额子目
	项目编码	项目名称	项目特征	计量单位	工程量计算规则	工作内容	项目编码	项目名称	项目特征	计量单位	工程量计算规则	工作内容	
65	SF03	排洪（水）沟、护坡、挡土墙、围（水）墙、防撞墩、防撞墙砌（浇）筑	1. 名称 2. 构造类型 3. 砂浆或混凝土强等级	m³	按设计图示尺寸，以体积计算	1. 材料运输、装卸 2. 砂浆配拌、砌筑、找正、上浆、沟缝 3. 模板安拆 4. 钢筋绑扎及安装 5. 混凝土制作、浇制、振捣、养护 6. 工器（机）具移运 7. 清理现场	F03	*	*	*	*	*	YX1-22; YX1-45; YX1-46; YX1-107; YX1-108; YX1-153; YX1-154; YX1-179～YX1-184; YX1-209～YX1-214; YX7-17～YX7-24
66	SF04	护坡防护	1. 护坡防护形式 2. 挂网林质、规格或喷射混凝土强度或混凝土强度等级	1. t 2. m³	1. 按设计图数量，以质量计算 2. 按设计图示尺寸，以体积计算	1. 材料运输、装卸 2. 挂网、绑扎、混凝土块支垫、点焊锚杆 3. 混凝土制作、运输、喷射、养护 4. 工器（机）具移运 5. 清理现场	F04	*	*	*	*	*	YX1-17; YX1-22; YX1-39; YX1-40; YX1-45; YX1-46; YX1-97; YX1-98; YX1-107; YX1-108; YX1-143; YX1-144; YX1-153; YX1-154; YX1-173～YX1-184; YX1-203～YX1-214; YX7-25; YX7-26
67	SF05	标志牌	1. 材质 2. 规格 3. 是否拆装	块	按设计数量，以块计算	1. 材料运输、装卸 2. 标志牌安装（或安拆） 3. 工器（机）具移运 4. 清理现场	F05	*	*	*	*	*	YX1-17; YX1-39; YX1-40; YX1-97; YX1-98; YX1-143; YX1-144; YX1-173～YX1-178; YX1-203～YX1-208; YX7-27

续表

序号	DL/T 5205—2021（施工图设计深度）						Q/GDW 11339—2023（差异条款描述）						定额子目
	项目编码	项目名称	项目特征	计量单位	工程量计算规则	工作内容	项目编码	项目名称	项目特征	计量单位	工程量计算规则	工作内容	
68	SF06	防鸟装置	1.名称 2.型号	个	按设计数量，以个计算	1.材料运输、装卸 2.防鸟装置安装 3.工器（机）具移运 4.清理现场	F06	*	*	1.* 2.m²	按设计数量或图示尺寸，以个或面积计算	*	YX1-17; YX1-39; YX1-40; YX1-97; YX1-98; YX1-143; YX1-144; YX1-173～YX1-178; YX1-203～YX1-208; YX7-28; YX7-29
69	SF07	防坠落装置	1.名称 2.规格	m	按设计图示尺寸，以长度计算	1.材料运输、装卸 2.防坠落装置安装 3.工器（机）具移运 4.清理现场	F07	*	*	*	*	*	YX1-17; YX1-39; YX1-40; YX1-97; YX1-98; YX1-143; YX1-144; YX1-173～YX1-178; YX1-203～YX1-208; YX7-30; YX7-31
70	—	—	—	—	—	—	F08	杆塔其他附属设施	1.名称 2.规格	1.套 2.只	按设计图示数量，以套（只）计算	1.设备、材料运输、装卸 2.附属装置安装、调测 3.工器（机）具移运 4.清理现场	《国家电网有限公司电力建设定额站关于印发〈L型预制电缆沟补充定额〉等企业计价依据的通知》（国家电网电定〔2021〕6号）BG-YX8-17; BG-YX8-18
71	SF08	避雷器	1.规格、型号 2.电压等级	1.单相 2.单极	按设计数量，以单相（单极）计算	1.材料（设备）运输、装卸 2.本体及连引线安装 3.试验、同隙调整 4.工器（机）具移运 5.场地清理	F09	*	*	*	*	*	YX1-17; YX1-39; YX1-40; YX1-97; YX1-98; YX1-143; YX1-144; YX1-173～YX1-178; YX1-203～YX1-208; YX7-32～YX7-41

续表

序号	项目编码	DL/T 5205—2021（施工图设计深度）					项目编码	Q/GDW 11339—2023（差异条款描述）					定额子目
		项目名称	项目特征	计量单位	工程量计算规则	工作内容		项目名称	项目特征	计量单位	工程量计算规则	工作内容	
72	SF09	拦河线	1.型号、规格 2.河宽步距 3.杆型	处	按设计计数量，以处计算	1.材料运输、装卸 2.测量定位 3.杆坑、拉线坑土石方挖填 4.基础安装或浇制、组立杆、拉线安装 5.拦河线放、紧线 6.警告牌安装 7.工器（机）具移运 8.清理现场	F10	*	*	*	*	*	YX1-17；YX1-22；YX1-39；YX1-40；YX1-45；YX1-46；YX1-97；YX1-98；YX1-107；YX1-108；YX1-143；YX1-144；YX1-153；YX1-154；YX1-173~YX1-184；YX1-203~YX1-214；YX2-8~YX2-212；YX3-1~YX3-222；YX4-1~YX4-158；YX5-232~YX5-234
73	SF10	监测装置	型号或规格	套	按设计计数量，以套计算	1.材料（设备）运输、装卸 2.设备安装固定、接线 3.单体调试、系统联调 4.工器（机）具运 5.清理现场	F11	*	*	*	*	*	YX1-17；YX1-39；YX1-40；YX1-97；YX1-98；YX1-143；YX1-144；YX1-173~YX1-178；YX1-203~YX1-208；YX7-42~YX7-48
74	SF11	耐张线夹X射线探伤	1.导线分裂数 2.回路数 3.单双侧	基	按设计计数量，以基计算	1.上塔就位、接线 2.测试记录、报告 3.工器（机）具移运 4.清理现场	F12	*	*	*	*	*	YX7-122~YX7-126

续表

序号	DL/T 5205—2021（施工图设计深度）						Q/GDW 11339—2023（差异条款描述）						定额子目
	项目编码	项目名称	项目特征	计量单位	工程量计算规则	工作内容	项目编码	项目名称	项目特征	计量单位	工程量计算规则	工作内容	
75	SF12	索道设施	1. 索道形式 2. 支架材质 3. 荷载 4. 跨度	处	按设计数量，以处计算	1. 材料运输、装卸 2. 定位、分坑 3. 支架组立、调整、拆除 4. 牵引设备、绳索及附件安装及拆除维护及拆除运 5. 工器（机）具移运 6. 清理现场	F13	*	*	*	*	*	YX7-49～YX7-121
76	SF13	固沙	固沙方式	m²	按设计或施工组织设计图示尺寸，以面积计算	1. 材料运输、装卸 2. 沙堆推平 3. 切草、植草或块石铺设 4. 工器（机）具移运 5. 清理现场	F14	固沙（土）	固沙（土）方式	*	*	1. 材料运输、装卸 2. 沙（土）堆推平 3. 切草、植草或块石铺设 4. 工器（机）具移运 5. 清理现场	YX1-22; YX1-45; YX1-46; YX1-107; YX1-108; YX7-14; YX7-15
77	SF14	回（换）填	1. 回（换）填材质要求 2. 密实度要求 3. 取土运距	m³	按设计或施工组织设计图示数量，以体积计算	1. 取土运输、装卸 2. 分层回填、分实 3. 工器（机）具移运 4. 清理现场	F15	*	1. 地质类别 2. 开挖深度步距 3. 回（换）填材质要求 4. 密实度要求 5. 回（换）填材料运距	*	*	1. * 2. 换填部位开挖 3. 分层回填、夯实 4. 工器（机）具移运 5. 清理现场	YX1-22; YX1-45; YX1-46; YX1-107; YX1-108; YX1-153; YX1-154; YX1-179～YX1-184; YX1-209～YX1-214; YX2-231; YX2-232

续表

序号	DL/T 5205—2021（施工图设计深度）						Q/GDW 11339—2023（差异条款描述）						定额子目
	项目编码	项目名称	项目特征	计量单位	工程量计算规则	工作内容	项目编码	项目名称	项目特征	计量单位	工程量计算规则	工作内容	
78	SF15	余方外运与处置	1.余方品种 2.运距	m³	按地面以上设计构筑物尺寸，以体积计算	1.运输、卸车 2.余方处置 3.工器（机）具其他运 4.清理现场	F16	弃方外运及处置	1.弃方品种 2.运距	*	按设计或组织施工设计图示数量，以体积计算	1.* 2.弃方处置 3.* 4.*	YX1-22; YX1-45; YX1-46; YX1-107; YX1-108; YX1-153; YX1-154; YX1-179～YX1-184; YX1-209～YX1-214

注1: 土石方开挖、回（换）填、余方外运与处置，按天然密实体积计算。
注2: 项目特征中"地质类别"，按岩土石方量计算，按工程勘测报告提供的地质资料描述。
注3: 尖峰及施工基面土石方量计算，按设计提供的基面高程和高压地形图实际情况进行计算。
注4: 项目特征中"步距"，指数值区间，可参考定额子目步距描述。
注5: 余方外运与处置，指运距100m以上的运输及处理，100m范围内的运输项目也适用尖峰，该清单项目含在清单工作内容中；余方外运与处置的余方外运及处置含上、挡上（水）、墙等项目按设计尺寸计算。
注6: 余方外运与处置项目特征"取土运距"可以不描述。工程量计算规则回（换）填项目现场实际情况，执行"回（换）填"清单项目。
注7: 落石洞回填、危石清理等工作费用，回（换）填、危石清理等计算。

注1: 土石方开挖、回（换）填、弃方外运与处置，按天然密实体积计算。
注2: *
注3: *
注4: *
注5: 弃方外运与处置的外运运距100m以上的运输，100m范围内的运输项目工作内容中；该清单不适用泥浆的外运与处置。
注6: 回（换）填、弃方外运与处置项目特征"回（换）填"、弃方外运与处置，但应注明由投标人根据施工现场实际情况自行考虑。
注7: *
注8: "杆塔其他附属设施"清单适用于航空标志球、航空标志灯、高塔电梯等附属设施安装。
注9: "标志牌"包括警示牌、相序牌、杆号牌、命名牌、飞行器巡检牌、实物ID等各类标志牌。
注10: "索道设施"的计量单位"处"是指一级索道为一处。

序号	项目编码	项目名称	项目特征	计量单位	工程量计算规则	工作内容	项目编码	定额子目
七					措施项目（编码 SG）			
79	SG01	临时围堰	水深	基	按设计或组织施工设计图示数量，以基数计算	1.材料运输、装卸 2.填筑 3.抽水 4.拆除 5.工器（机）具其他运 6.清理现场	G01	YX1-22; YX1-45; YX1-46; YX1-107; YX1-108; YX1-153; YX1-154; YX1-179～YX1-184; YX1-209～YX1-214; YT15-34; YT15-35

续表

序号	DL/T 5205—2021（施工图设计深度）						Q/GDW 11339—2023（差异条款描述）						定额子目
	项目编码	项目名称	项目特征	计量单位	工程量计算规则	工作内容	项目编码	项目名称	项目特征	计量单位	工程量计算规则	工作内容	
80	SG02	施工降水	降水面积	基	按设计计数量，以基计算	1. 设备材料运输、装卸 2. 井点系统布置装配、打拔龙点管 3. 设备与管道安装、试抽 4. 抽水、降水、排水、设备维护 5. 填井点除 6. 管道拆除 7. 工器（机）其移运 8. 清理现场	G02	*	需降水施工作业面积	*	*	*	YT15-3～YT15-14
81	SG03	钢板桩围护	1. 地层情况、布置部位和要求 2. 截面尺寸、桩长 3. 是否拔出	t	按设计图示尺寸，以质量计算	1. 材料运输、装卸 2. 工作平台搭拆 3. 桩机安拆、移位 4. 打（拔）桩 5. 接桩 6. 工器（机）其移运 7. 清理现场	G03	*	*	*	*	*	YT15-18～YT15-25
82	SG04	打拔木桩	1. 打桩方式 2. 是否拔出	m³	按设计计或施工组织设计图示数量，以体积计算	1. 材料运输、装卸 2. 木桩制作 3. 桩机安拆、移位 4. 打（拔）桩 5. 工器（机）其移运 6. 清理现场	G04	*	*	*	*	*	YX1-22; YX1-45; YX1-46; YX1-107; YX1-108; YX1-153; YX1-154; YX1-179～ YX1-184; YX1-209～ YX1-214; YX7-16

输电线路工程结算审核方法与实务

续表

序号	DL/T 5205—2021（施工图设计深度）						Q/GDW 11339—2023（差异条款描述）						定额子目
	项目编码	项目名称	项目特征	计量单位	工程量计算规则	工作内容	项目编码	项目名称	项目特征	计量单位	工程量计算规则	工作内容	
83	SG05	施工道路	1. 路床整形平均厚度 2. 基层材质及厚度 3. 面层材质及厚度	m²	按设计或施工组织设计图示数量，以面积计算	1. 材料运输、装缸 2. 挖填土 3. 平整、碾压 4. 工器（机）具移运 5. 清理现场	G05	*	*	*	*	*	YX1-22；YX1-45；YX1-46； YX1-107；YX1-108； YX1-153；YX1-154； YX1-179～YX1-184； YX1-209～YX1-214； YX7-1～YX7-13
84	—	—	—	—	—	—	G06	冬季施工基础特殊保护	1. 基础类型 2. 温度区间	m³	按设计图示数量，以体积计算	1. 保温棚的配制、组装、拆除 2. 砂、石、水的加热 3. 保温棚、搅拌棚加热和取暖 4. 工器（机）具移运 5. 清理现场	国家电网电定（2021）6号 BG-YX3-21～ BG-YX3-50

施工降水清单项目适用于地下工程施工时，出现地下水需采用井点设备降水的项目，不适用山于降雨或其他地表水引发的基坑排水。项目特征中"水深""降水面积"可填写具体数值，如水深3m以内；降水面积20m²以内

注1："施工降水"清单项目仅适用于需采用井点降水的项目。

注2：*

注3：钢栈桥、桥梁加固等特殊施工措施按专项方案执行相关清单规范。

注4："冬季施工基础特殊保护"清单项目：适用的气候条件：冬季限于输变电工程施工时连续5天日平均气温低于-5℃时，为达到基础混凝土条件而采取的特殊保暖措施。"冬季施工混凝土混凝土添加剂包含在混凝土工程"特殊要求"中防冻剂等

陆上电缆输电线路工程量清单计算规范差异分析

表 A-2

序号	DL/T 5205—2021（施工图设计深度）						Q/GDW 11339—2023（差异条款描述）						定额子目
	项目编码	项目名称	项目特征	计量单位	工程量计算规则	工作内容	项目编码	项目名称	项目特征	计量单位	工程量计算规则	工作内容	
一	陆上电缆输电线路建筑工程												
(一)	陆上电缆输电线路工程（SA）												
1	SA01	土石方开挖及回填	1.地质类别 2.开挖深度步距 3.挖方类别	m³	原地面线以下按构筑物最大水平投影面积乘以挖土深度（原地面平均标高至槽坑底标高），以体积计算	1.开挖、排水、装拆挡土板 2.坑底夯实、修整边坡 3.土方回填夯实 4.工器具（机）移运 5.清理现场	A01	*	1.* 2.* 3.* 4.开挖方式	*	*	1.* 2.* 3.* 4.* 5.* 6.支撑搭拆	人工：YL1-1～YL1-21 机械：YL1-22～YL1-23
2	SA02	开挖路面	1.路面类型 2.路面厚度 3.路面结构型式 4.开挖方式	m²	按设计图示数量，以面积计算	1.定位、测量、放线 2.路面开挖、破除 3.工器具（机）移运 4.清理现场	A02	*	1.路面类型 2.路面厚度 3.路面结构型式	*	*	1.* 2.路面开挖、破除 3.* 4.* 5.路基开挖	YL1-24～YL1-33
3	SA03	修复路面	1.路面材料 2.路面厚度 3.路面结构型式	m²	按设计图示数量，以面积计算	1.定位、测量、放线 2.路面材料运输、搅拌、浇注、养护、铺设 3.工器具（机）移运 4.清理现场	A03	*	1.路面材料 2.* 3.*	*	*	*	YX7-1～YX7-13

续表

序号	DL/T 5205—2021（施工图设计深度）						Q/GDW 11339—2023（差异条款描述）						定额子目
	项目编码	项目名称	项目特征	计量单位	工程量计算规则	工作内容	项目编码	项目名称	项目特征	计量单位	工程量计算规则	工作内容	
	注1：土石方体积应按挖掘前的天然密实体积计算。 注2：项目特征中"开挖深度步距"指数值区间，可参考定额步距描述。 注3：土石方开挖及回填清单指原土回填，其他材料回填执行辅助工程清单项目。 注4：挖方类别指挖沟槽、挖基坑。						注1：* 注2：* 注3：* 注4：* 注5：土石方开挖及回填工程量是按设计尺寸的净量计算，含垫层宽度及厚度，不含施工操作格及放坡增加的尺寸。 注6：项目特征中的"开挖方式"指人工开挖或机械开挖，清单编制时也可不具体明确，但应注明由投标人根据施工现场实际情况自行综合考虑。						
（二）	砌体工程（SB）												
4	SB01	砖砌体	1.墙体：断面尺寸 2.砖品种、规格强度等级 3.砂浆强度等级配合比 4.部位 5.勾缝或抹灰要求	m³	按设计图示尺寸，以体积计算	1.材料运输、装卸 2.砂浆制作、运输 3.砌砖 4.抹灰 5.勾缝 6.工器（机）具移运 7.清理现场	B01	*	1.名称 2.砖品种、规格、强度等级 3.砂浆强度等级 4.勾缝或抹灰要求	*	*	*	YL1-42
（三）	混凝土工程（SC）												
5	SC01	混凝土浇筑	1.浇筑部位 2.断面尺寸 3.混凝土强度等级 4.特殊要求	m³	按设计图示尺寸，以体积计算	1.材料运输、装卸 2.模板制作、安拆 3.混凝土制作、浇筑、振捣、养护 4.伸缩缝制作、安装 5.工器（机）具移运 6.清理现场	C01	*	1.名称、型号 2.混凝土强度等级 3.特殊要求	*	*	*	YL1-43；YL1-50～ YL1-53

续表

序号	DL/T 5205—2021（施工图设计深度）						Q/GDW 11339—2023（差异条款描述）						定额子目
	项目编码	项目名称	项目特征	计量单位	工程量计算规则	工作内容	项目编码	项目名称	项目特征	计量单位	工程量计算规则	工作内容	
6	SC02	垫层	1. 垫层部位及类型 2. 垫层尺寸、厚度、材质 3. 混凝土强度等级 4. 特殊要求	m³	按设计图示尺寸，以体积计算	1. 材料运输、装卸 2. 模板制作、安装 3. 混凝土制作、浇筑、振捣、养护 4. 工器（机）运 5. 清理现场	C02	*	1. 垫层类型 2. 砂浆强度等级 3. 混凝土强度等级 4. 特殊要求	*	*	*	YL1-39～YL1-41
7	SC03	预制混凝土构件	1. 构件部位及尺寸 2. 安装高度 3. 混凝土强度等级 4. 砂浆强度等级 5. 铁构件规格、型号 6. 特殊要求	m³	按设计图示尺寸，以体积计算	1. 材料运输、装卸 2. 模板制作、安装 3. 混凝土制作、浇筑、振捣、养护 4. 构件制作 5. 砂浆制作 6. 接头灌缝、养护 7. 工器（机）运 8. 清理现场	C03	*	1. 构件型式 2. 构件尺寸 3. * 4. * 5. * 6. *	*	*	1. * 2. * 3. * 4. 钢筋、铁件制作、安装 5. 预制混凝土构件安装 6. * 7. *	YT5-113～YT5-173
8	SC04	防水	1. 防水部位 2. 防水方式 3. 防水材料及厚度	m²	按设计图示尺寸，以面积计算	1. 材料运输、装卸 2. 防水安装 3. 养护 4. 工器（机）运 5. 清理现场	C04	*	1. 防水部位 2. 防水材料及厚度	*	*	*	YL1-44～YL1-46

注1：浇筑部位描述为沟道、排管、检查井等。项目特征中"特殊要求"指混凝土的特殊要求，如设计明确混凝土中添加防冻剂、防水剂、阻锈剂、速凝剂等

注2：项目特征中构件不分成品型式（如预制盖板四周为角钢等），只区分现场制作和工厂制作分别设置清单项目 H。

注3：预制混凝土构件分别设置清单项目。

注4：防水部位表达为立面或者平面，防水方式表达为刚性防水或者柔性防水。

注1：混凝土浇筑项目特征中"名称"指电缆沟、浅槽、排管、工井等。"型号"指该构筑物的设计图示型号。

注2：* 项目特征中"名称"

注3：项目特征中"防水部位"指前述构筑物安装不包含盖板。

注4：预制混凝土构件安装不包括盖板。

续表

序号	DL/T 5205—2021（施工图设计深度）						Q/GDW 11339—2023（差异条款描述）						定额子目
	项目编码	项目名称	项目特征	计量单位	工程量计算规则	工作内容	项目编码	项目名称	项目特征	计量单位	工程量计算规则	工作内容	
（四）	钢筋工程（SD）												
9	SD01	钢筋	1. 部位 2. 材质、规格	t	按设计图示数量，以质量计算	1. 材料运输、装卸 2. 准备、截断、焊接、制弯 3. 钢筋安装 4. 工器（机）具移运 5. 清理现场	D01	*	*	*	*	*	YL1－55
10	SD02	预埋铁件	1. 材质、规格、部位 2. 防腐形式及要求	t	按设计图示数量，以质量计算	1. 材料运输、装卸 2. 铁件制作、加工 3. 整理、安装、焊接、绑扎、防腐 4. 工器（机）具移运 5. 清理现场	D02	*	*	*	*	*	YL1－56
11	SD03	钢构件	1. 材质、规格、部位 2. 防腐形式及要求	t	按设计图示数量，以质量计算	1. 材料运输、装卸 2. 焊接成型、组装、连接、防腐 3. 构件安装 4. 工器（机）具移运 5. 清理现场	D03	*	*	*	*	*	YT6－1～YT6－112

注1：钢构件包含电缆建筑工程中所有钢构件，使用时可根据实际情况分别设置清单项目。
钢筋工程量由结构钢筋、构造钢筋、措施钢筋组成（搭接钢筋及搭接钢筋的搭接按现行规范或设计标明的搭接，其他施工搭接不计算）。

注2：项目特征中"部位"指电缆沟、浅槽、排管、工井等

续表

序号	DL/T 5205—2021（施工图设计深度）						Q/GDW 11339—2023（差异条款描述）						定额子目
	项目编码	项目名称	项目特征	计量单位	工程量计算规则	工作内容	项目编码	项目名称	项目特征	计量单位	工程量计算规则	工作内容	
（五）	电缆埋管工程（SE）												
12	SE01	排管敷设	1. 材质 2. 规格	m	按设计图示尺寸，以单孔总长计算。扣除附属构筑物（检查井）所占的长度	1. 材料运输、装卸 2. 管道附件安装 3. 接口件安装 4. 拉棒试通 5. 防腐 6. 工器（机）具移运 7. 清理现场	E01	*	*	*	*	*	YL1-54
13	SE02	水平导向钻进	1. 型式 2. 土质类别 3. 管材材质及规格 4. 孔数	m	按设计图示尺寸（含弧长），以长度计算。扣除附属构筑物（检查井）所占的长度	1. 材料运输、装卸 2. 样沟、工作坑开挖 3. 设备安装、导向 4. 钻机定位、清孔、扩孔、清孔 5. 焊接管材、拉管、压管注浆、通管 6. 管道检测及密试验 7. 工器（机）具移运 8. 清理现场	E02	*	1. * 2. * 3. 管材材质、规格、根数 4. 最大扩孔直径 5. 外套管材质、规格、直径	*	*	1. * 2. 样沟、工作坑、泥浆池挖填 3. * 4. * 5. * 6. * 7. * 8. * 9. 泥浆外运及处置	YL1-60～YL1-72

续表

序号	DL/T 5205—2021（施工图设计深度）						Q/GDW 11339—2023（差异条款描述）						定额子目
	项目编码	项目名称	项目特征	计量单位	工程量计算规则	工作内容	项目编码	项目名称	项目特征	计量单位	工程量计算规则	工作内容	
14	SE03	顶电缆保护管	1. 型式 2. 土质类别 3. 管材材质及规格	m	按设计图示尺寸，以单孔总长度计算。扣除附属构筑物（检查井）所占的长度	1. 材料运输、装卸 2. 准备、测量定位、工井开挖 3. 钻机锚固、就位、扩孔 4. 泥浆池挖填、造浆、钻孔、注浆、清孔 5. 导管装拆、接管 6. 工器（机）具运 7. 清理现场	E03	*	1. * 2. *	*	*	1. * 2. * 3. * 4. * 5. * 6. 泥浆外运及处置 7. * 8. *	YL1—57～YL1—59

注1：排管工程上钢筋混凝土浇筑及钢筋制作安装执行 SC01 和 SD01 清单项 H。
注2：顶电缆保护管是指管径不大于 300mm 的电缆保护管

注1：排管工程的混凝土浇筑，垫层及钢筋制作安装分别执行 C01、C02 及 D01 清单项目。
注2：水平导向钻进的项目特征中"型式"指套管或多管，最大扩孔直径可参照定额步距描述。
注3：水平导向钻进的项目特征中"外套管"指多管位管外面的套管

| （六） | 隧道工程（SF） | | | | | | | | | | | | |

隧道工程上钢筋混凝土最多清单项目设置、项目特征描述的内容、项目特征描述的内容、计量单位及工程量计算规则执行《市政工程工程量计算规范》（GBS 0857—2013）相应工程量计算规则执行，消防执行《通用安装工程工程量计算规范》GB 50856—2013 相配套的通风、水、照明、消防，执行《通用安装工程工程量清单规范》

大直径顶管、隧道工程量清单项目设置，项目特征描述的内容、计量单位及工程量清单项目设置 GB 50857—2013 相应工程量清单项目可参照执行 GB 50857—2013 相应工程量计算规则执行 GB 50856—2013 相配套的通风、水、照明、消防、排水、照明、消防，执行 GB 50856—2013 相应工程量清单项目

| （七） | 栈桥工程（SG） | | | | | | | | | | | | |

序号	DL/T 5205—2021（施工图设计深度）						Q/GDW 11339—2023（差异条款描述）						定额子目
	项目编码	项目名称	项目特征	计量单位	工程量计算规则	工作内容	项目编码	项目名称	项目特征	计量单位	工程量计算规则	工作内容	
15	SG01	混凝土栈桥	1. 混凝土强度 2. 特殊要求 3. 断面形式	m³	按设计图示尺寸、以体积计算	1. 材料运输、装卸 2. 模板制作、安拆 3. 混凝土制作、浇筑、振捣、养护 4. 工器（机）具移运 5. 清理现场	G01	*	1. 混凝土强度等级 2. 特殊要求	*	*	*	YT5-22~YT5-55
16	SG02	钢结构栈桥	1. 结构形式 2. 材质、规格	t	按设计图示数量、以质量计算	1. 材料运输、装卸 2. 栈桥架设、安装 3. 接地连接 4. 工器（机）具移运 5. 清理现场	G02	*	*	*	*	*	YT6-1~YT6-112

注1：栈桥基础执行混凝土上土工程（编码 SC）的相应清单项目。
注2：项目特征中"特殊要求"指混凝土的特殊要求，如设计明确混凝土中添加防冻剂、防水剂、阻锈剂、速凝剂等

注1：栈桥基础执行架空线路工程相关清单项目。
注2：项目特征中"特殊要求"指混凝土的特殊要求，如设计明确混凝土中添加防冻剂、防水剂、阻锈剂、速凝剂等

（八）工井工程（SH）

序号	项目编码	项目名称	项目特征	计量单位	工程量计算规则	工作内容	项目编码	项目名称	项目特征	计量单位	工程量计算规则	工作内容	定额子目
17	SH01	砌筑检查井	1. 检查井名称及尺寸 2. 垫层类型、盖板基础型式及厚度 3. 盖板类型及厚度 4. 砌筑材料品种、规格、等级 5. 勾缝抹面要求 6. 混凝土强度等级 7. 防渗、防水要求 8. 砂浆强度要求	座	按设计图示数量计算	1. 材料运输、装卸 2. 垫层铺筑 3. 模板制作、安拆 4. 混凝土制作、浇筑、振捣、养护 5. 砌筑、勾缝、抹面 6. 爬梯制作、安装 7. 盖板、过梁制作、安装 8. 防水、止水 9. 工器（机）具移运 10. 清理现场	H01	砌筑工井	*	*	*	1. 材料运输、装卸 2. 垫层铺筑 3. 模板制作、安装 4. 混凝土制作、浇筑、振捣、养护 5. 砌筑、勾缝、抹面 6. 盖板、过梁制作、安装 7. 防水、止水 8. 工器（机）具移运 9. 清理现场	YL1-39~YL1-42; YL1-73~YL1-74; YL1-44~YL1-49; YT9-33~YT9-42

续表

序号	DL/T 5205—2021（施工图设计深度）						Q/GDW 11339—2023（差异条款描述）						定额子目
	项目编码	项目名称	项目特征	计量单位	工程量计算规则	工作内容	项目编码	项目名称	项目特征	计量单位	工程量计算规则	工作内容	
18	SH02	混凝土检查井	1. 检查井名称及尺寸 2. 垫层类型、基础类型及厚度 3. 盖板类型及尺寸 4. 混凝土强度等级及特殊要求 5. 防渗、防水要求 6. 封门材质、尺寸	座	按设计图示数量计算	1. 材料运输、装卸 2. 垫层铺筑 3. 模板制作、安装、浇筑、振捣、养护 4. 爬梯制作安装 5. 盖板制作安装 6. 防水、止水 7. 工器（机）具移运 8. 清理现场	H02	混凝土工井	1. 工井名称及尺寸 2. * 3. * 4. *	*	*	1. 材料运输、装卸 2. 垫层铺筑 3. 模板制作、安装、浇筑、振捣、养护 4. 盖板、过梁制作安装 5. 防水、止水 6. 工器（机）具移运 7. 清理现场	YL1-39～YL1-41；YL1-44～YL1-49；YL1-73～YL1-74；YT9-33～YT9-42
19	SH03	沉井	1. 检查井名称及尺寸 2. 土质类别 3. 井筒尺寸、材质及井深 4. 井壁混凝土强度等级、厚度 5. 封底材质、规格 6. 隔墙、底板混凝土强度等级及特殊要求 7. 防渗、防水要求 8. 封门材质、尺寸	座	按设计图示数量计算	1. 材料运输、装卸 2. 模板制作、安装、浇筑 3. 刀脚、框架、井壁混凝土浇筑 4. 垫层铺筑 5. 挖土排水、填心、下沉 6. 触变泥浆制作输送 7. 底板、封底浆制作 8. 隔墙砌筑 9. 钢封门安装 10. 防水、止水 11. 工器（机）具移运 12. 清理现场	H03	*	1. 工井名称及尺寸 2. * 3. * 4. * 5. * 6. * 7. * 8. *	*	*	*	YT13-165～YT13-180；YT8-1～YT8-78；YT9-33～YT9-42

续表

| 序号 | DL/T 5205—2021（施工图设计深度） | | | | | | Q/GDW 11339—2023（差异条款描述） | | | | | | 定额子目 |
	项目编码	项目名称	项目特征	计量单位	工程量计算规则	工作内容	项目编码	项目名称	项目特征	计量单位	工程量计算规则	工作内容	
20	SH04	集水井	1. 材质 2. 形式	座	按设计图示数量计算	1. 材料运输、装卸 2. 模板制作、安装、拆 3. 混凝土制作、浇筑、振捣、养护 4. 井管子安装 5. 混凝土管安装 6. 工器（机）具移运 7. 清理现场	H04	*	*	*	*	*	YL1-39～YL1-41; YL1-47～YL1-49; YT4-15; YT13-103～YT13-156
21	SH05	井筒	1. 井筒规格、材质 2. 砌筑材料品种、规格、强度等级 3. 砌筑、勾缝、抹面要求 4. 砂浆强度等级配合比 5. 踏步材质规格 6. 防渗、防水要求	m	按设计图示数量，以井筒长度米计算	1. 材料运输、装卸 2. 砌筑、勾缝、抹面 3. 混凝土管安装 4. 工器（机）具移运 5. 清理现场	H05	*	*	*	*	*	YL1-44～YL1-49; YT13-103～YT13-156
22	SH06	电力井盖	材质	套	按设计图示数量计算	1. 材料运输、装卸 2. 安装 3. 工器（机）具移运 4. 清理现场	H06	井盖	*	*	*	*	YT4-16

续表

序号	DL/T 5205—2021（施工图设计深度）						Q/GDW 11339—2023（差异条款描述）						定额子目
	项目编码	项目名称	项目特征	工作内容	计量单位	工程量计算规则	项目编码	项目名称	项目特征	计量单位	工程量计算规则	工作内容	

注1：砌筑检查井混凝土工作包括除土方、集水井、井筒、电力井底之外的所有工作内容。

注2：本清单查井混凝土适用于标准井型，非标准井型可参考本清单项目或按其他清单项目列项。

注3：项目特征中"特殊要求"指混凝土的特殊要求，如设计明确混凝土中添加防冻剂、阻锈剂、防水剂、速凝剂等

注1：砌筑工井、混凝土工井工作包括除土方、井筒、井盖、钢筋、预埋构件、钢构件之外的所有工作内容。

注2：本文对本表中以"座"为单位，规定了有关工井清单项目采用两种方式进行编制，即一方面砌体工程（编码B）、混凝土工程（编码C）等也适用于本工井工程清单（或编制）；另一方面工井以...型工井清单安装...招标人应根据工程实际情况在同一标段（或合同段）中对同一型工井选择使用其中一种方式。

注3：项目特征中"特殊要求"指混凝土的特殊要求，如设计明确混凝土中添加防冻剂、阻锈剂、防水剂、速凝剂、拌和要求等。

注4：工井中添加设置或成品采购埋置集水井单独列项，电缆沟、隧道及工井内清单项目 工井内配置或成品采购的集水坑（井），计入电缆沟（井）。

（九）辅助工程（SJ）

| 23 | SJ01 | 栏杆、栅栏、围栏、围墙 | 1. 栏杆、栅栏、围栏、围墙材质、高度
2. 土石类别
3. 回填（石）方级配、挖土深度
4. 垫层材质、厚度、面积、强度等级
5. 基础材质、混凝土强度等级
6. 砌体、砂浆种类与强度等级
7. 压顶材质、混凝土强度等级
8. 勾缝要求、饰面做法 | 1. 材料运输、装卸
2. 挖土石方、回填
3. 基底夯实、铺设垫层、拌和、调制砂浆及灌浆
4. 模板制作、安装
5. 混凝土制作、振捣、浇筑、养护
6. 栏栅制作、运输和安装
7. 栏栅柱、基础砌筑或浇筑
8. 砌筑（梁）圈梁
9. 砌筑、勾缝、抹面
10. 门柱砌筑或浇筑制作及安装、压顶浇制及预制安装、压顶抹灰
11. 栏栅饰面施工
12. 金属构件制油漆
13. 钢筋及预埋件制作、安装
14. 伸缩缝施工
15. 门、锁安装 | m² | 按设计图示尺寸，以面积计算。面积=中心线长度×高度，高度从原始地面标高算至原面顶标高 | J01 | * | 1. 栏杆、栅栏、围栏、围墙材质、高度
2. 土石类别
3. 回填（石）方级配、挖土深度
4. 垫层材质、厚度、面积、强度等级
5. 基础材质、混凝土强度等级
6. 砌体、砂浆种类与强度等级
7. 压顶材质、混凝土强度等级
8. 饰面做法 | * | * | * | YT1-1～YT1-116;
YT4-1～YT4-42;
YT5-1～YT5-219;
YT6-1～YT6-90;
YT13-279～YT13-288 |

续表

序号	DL/T 5205—2021（施工图设计深度）						Q/GDW 11339—2023（差异条款描述）						定额子目
	项目编码	项目名称	项目特征	计量单位	工程量计算规则	工作内容	项目编码	项目名称	项目特征	计量单位	工程量计算规则	工作内容	
24	SJ02	回（换）填	1.回（换）填材质、密实度要求 2.密实度要求 3.运距	m³	按设计图示尺寸，以体积计算	1.材料运输、装卸 2.分层回填、夯实 3.工器（机）具移运 4.清理现场	J02	*	1.地质类别 2.开挖深度步距 3.回（换）填材质要求 4.密实度要求 5.回（换）填材料运距	*	*	1.* 2.* 3.* 4.* 5.换填部位开挖	YX2-231～YX2-232
25	SJ03	余方外运及处置	1.余方品种 2.运距	m³	按挖方量减清单项目工程量利用回填方，以体积计算	1.材料运输、装卸 2.余方处置 3.工器（机）具移运 4.清理现场	J03	弃方外运与处置	1.弃方品种 2.*	*	按设计或施工组织图示数量，以体积计算	*	YX1-22；YX1-45～ YX1-46；YX1-107～ YX1-108；YX1-153～ YX1-154
26	—	—	—	—	—	—	J04	电缆标志牌、标志桩	1.材质 2.规格 3.是否拆装	1.块 2.处	按设计图示数量，以块、处计算	1.材料运输、装卸 2.标识牌安装（或安拆）3.工器（机）具移运 4.清理现场	

DL/T 5205—2021 注：

注1：挡土墙、围堰、护坡，执行本规范架空线路相应清单项目。
注2：执行本册清单规范的沟道的通风、排水照明、消防，执行变电工程相应清单项目。
注3：余方外运及弃方置和回（换）填项目特征"运距"可以不描述，由投标人根据施工现场实际情况自行考虑。
注4：余方弃置体积，按开挖前的天然实体积计算

Q/GDW 11339—2023 注：

注1：挡土墙、围堰、护坡、地基处理、地面硬化等项目，架空输电线路工程、变电工程相应清单项目。
注2：*
注3：弃方外运与置设距离超过100m的外运指运距100m以上的运输，100m范围内的运输含在该清单工作内容中；该清单不适用泥浆等的外运与处置。
注4：回（换）填，弃方外运与处置项目特征"运距"可以不描述，但应注明由投标人根据施工现场实际情况考虑。
注5：回（换）填，弃方外运与处置按天然实体积计算。
注6：电缆标志牌（包括警示牌）、命名牌等各类标志桩含基础挖方和浇制

续表

序号	DL/T 5205—2021（施工图设计深度）						Q/GDW 11339—2023（差异条款描述）						定额子目
	项目编码	项目名称	项目特征	计量单位	工程量计算规则	工作内容	项目编码	项目名称	项目特征	计量单位	工程量计算规则	工作内容	
（十）	措施项目（SK）												
27	SK01	轻型井点降水系统安拆	井点深度	根	井管根数根据施工组织设计确定，施工组织设计无规定时，按照1.4m/根计算	1.井点装配成型，打拔井点管，安拆设备与管道 2.井点连接抽水试验、场内运输	K01	*	*	*	*	*	YT15-3~YT15-4
28	SK02	井点降水系统安拆	1.降水方式 2.井点深度	根	喷射井点：根数根据施工组织设计确定，施工组织设计无规定时，按2.5m/根计算。大口径井点：1根为1套，井管根数根据施工组织设计确定	喷射井点 1.井点装配成型，打拔井点管，安拆设备与管道 2.井点连接抽水试验、场内运输 大口径井 1.钻机钻孔，安拆井管 2.井底和井壁填碎石、洗井、安拆设备、抽水试验，与管道、导入明沟	K02	*	*	*	*	*	YT15-6~YT15-7；YT15-9~YT15-10；YT15-12~YT15-13；YT15-15~YT15-16

续表

序号	项目编码	项目名称	DL/T 5205—2021（施工图设计深度） 项目特征	计量单位	工程量计算规则	工作内容	项目编码	Q/GDW 11339—2023（差异条款描述） 项目名称	项目特征	计量单位	工程量计算规则	工作内容	定额子目
29	SK03	基坑明排水系统运行	排水泵出口直径	套·天	计算套数时按照运行的排水泵台数计算，每台的排水泵运行的计算一套	1.挖排水沟、挖集水坑 2.安拆设备与管道，场内搬运 3.降排水设施运行维护	K03	*	*	*	*	*	YT15-1~YT15-2
30	SK04	轻型井点降水系统运行	运行时间	套·天	按照70m长水平管网累计运行24h计算	1.运行值班 2.井管堵漏 3.系统运行维修	K04	*	*	*	*	*	YT15-5
31	SK05	井点降水系统运行	1.降水方式 2.运行时间	套·天	按照每根管井运行累计运行24h计算，每套是由一根管井与一台排水泵及排水管线构成	1.运行值班 2.井管堵漏 3.系统运行维修	K05	*	*	*	*	*	YT15-8；YT15-11；YT15-14；YT15-17
32	SK06	施工道路	1.路床整形平均厚度 2.基层材质及厚度 3.面层材质及厚度	m²	按设计计量或施工组织设计图示尺寸，以面积计算	1.材料运输、装卸 2.挖填土 3.平整、碾压 4.施工机械装拆与场外运输 5.工器具移运 6.清理现场	K06	*	*	*	*	*	YX7-1~YX7-13

续表

序号	DL/T 5205—2021（施工图设计深度）						Q/GDW 11339—2023（差异条款描述）						定额子目
	项目编码	项目名称	项目特征	计量单位	工程量计算规则	工作内容	项目编码	项目名称	项目特征	计量单位	工程量计算规则	工作内容	
二	陆上电缆输电线路安装工程												
（一）	电缆桥、支架制作安装（SA）												
33	SA01	电缆钢制桥架	1. 型式 2. 断面 3. 材质 4. 防腐类别	t	按设计图示数量，以质量计算	1. 材料运输、装卸 2. 定位、安装 3. 接地跨接线安装 4. 刷漆 5. 隔板、盒盖安装 6. 工器（机）具移运 7. 清理现场	A01	电缆桥架	1. * 2. * 3. 材质、规格 4. *	1. * 2. m	按设计图示数量，以质量或长度计算	*	YL4-44~YL4-47；YX1-39~YX1-40；YX1-97~YX1-98；YX1-143~YX1-144
34	SA02	电缆不锈钢桥架	1. 型式 2. 断面 3. 材质	t	按设计图示数量，以质量计算	1. 材料运输、装卸 2. 定位、安装 3. 接地跨接线安装 4. 隔板、盒盖安装 5. 工器（机）具移运 6. 清理现场	—	—					—
35	SA03	电缆铝合金桥架	1. 型式 2. 断面 3. 材质	m	按设计图示数量，以长度计算	1. 材料运输、装卸 2. 定位、安装 3. 接地跨接线安装 4. 隔板、盒盖安装 5. 工器（机）具移运 6. 清理现场	—	—					—

续表

序号	DL/T 5205—2021（施工图设计深度）						Q/GDW 11339—2023（差异条款描述）						定额子目
	项目编码	项目名称	项目特征	计量单位	工程量计算规则	工作内容	项目编码	项目名称	项目特征	计量单位	工程量计算规则	工作内容	
36	SA04	电缆复合桥架	1.型式 2.断面 3.材质	m	按设计图示数量，以长度计算	1.材料运输、装卸 2.定位、安装 3.接地跨接线安装 4.隔板、盒盖安装 5.工器（机）具移运 6.清理现场	—	—	—	—	—	—	—
37	SA05	电缆钢支架	1.规格、尺寸 2.材质 3.防腐类别	t	按设计图示数量，以质量计算	1.材料运输、装卸 2.制作、安装 3.刷漆 4.工器（机）具移运 5.清理现场	A02	电缆支架	*	1.t 2.副	按设计图示数量，以质量计算或按设计图示数量，以副计算	*	YL4-41~YL4-43; YX1-17; YX1-39~YX1-40; YX1-97~YX1-98; YX1-143~YX1-144; YX1-22; YX1-45~YX1-46; YX1-107~YX1-108; YX1-153~YX1-154
38	SA06	电缆不锈钢支架	1.规格、尺寸 2.材质	t	按设计图示数量，以质量计算	1.材料运输、装卸 2.制作、安装 3.工器（机）具移运 4.清理现场	—	—	—	—	—	—	—
39	SA07	电缆复合支架	1.规格、尺寸 2.材质	副	按设计图示数量让算	1.材料运输、装卸 2.制作、安装 3.工器（机）具移运 4.清理现场	—	—	—	—	—	—	—

注1：*
注2：*
注3：桥架、支架为购买成品安装时，工作内容不包含制作，材料价格为成品价格。

注1：电缆桥架的"型式"应描述为桥架、梯架、槽盒、托盘等。
注2：项目特征中的"断面"，按其宽度×高度×长度描述。

续表

序号	DL/T 5205—2021（施工图设计深度） 项目编码	项目名称	项目特征	计量单位	工程量计算规则	工作内容	Q/GDW 11339—2023（差异条款描述） 项目编码	项目名称	项目特征	计量单位	工程量计算规则	工作内容	定额子目
（二）	电缆敷设（SB）												
40	SB01	直埋敷设	1.电压等级 2.型号、规格、截面 3.电缆封堵	m	按设计图示数量、以长度计算	1.材料运输、装卸 2.沟槽土方开挖 3.沟槽内排水 4.沟槽清理 5.电缆绝缘电阻耐压测量、护层耐压、敷设固定、挂铭牌 6.电缆充砂、敷设警示带 7.盖保护板 8.土方回填、标桩安装 9.工器（机）具移运 10.清理现场	B01	*	1.电压等级 2.型号、规格、截面	*	*	1.材料运输、装卸 2.沟槽清理 3.电缆绝缘电阻耐压测量、护层耐压、敷设、固定、挂铭牌 4.调整电缆同距、盖保护板（或砖）、埋设标桩、敷设标识带 5.工器（机）具移运 6.清理现场	YL1-1~YL1-23; YL1-75~YL1-77; YL2-1~YL2-4; YL2-17~YL2-20; YL2-33~YL2-37; YX1-1~YX1-16; YX1-33~YX1-38; YX1-81~YX1-96; YX1-131~YX1-142
41	SB02	揭、盖盖板	1.尺寸 2.材质 3.质量	块	按设计图示数量计算	1.材料运输、装卸 2.揭、盖盖板 3.工器（机）具移运 4.清理现场	B02	*	1.* 2.* 3.* 4.是否单揭或单盖	*	*	*	YL1-78~YL1-82; YX1-22; YX1-45~YX1-46; YX1-107~YX1-108; YX1-153~YX1-154
42	SB03	电缆、浅沟、浅槽敷设	1.电压等级 2.型号、规格 3.电缆封堵 4.固定及材质 5.垫板材质、规格	m	按设计图示数量、以长度计算	1.材料运输、装卸 2.沟槽清理 3.电缆绝缘电阻耐压测量、护层耐压、敷设 4.电缆固定、挂铭牌 5.充油电缆供油装置安装 6.工器（机）具移运 7.清理现场	B03	*	1.电压等级 2.型号、规格 3.固定及材质 4.垫板材质、规格	*	*	*	YL2-5~YL2-8; YL2-21~YL2-24; YL2-38~YL2-42; YL2-53; YL4-56~YL4-57; YX1-12~YX1-16; YX1-33~YX1-38; YX1-81~YX1-96; YX1-131~YX1-142

续表

序号	DL/T 5205—2021（施工图设计深度）项目编码	项目名称	项目特征	计量单位	工程量计算规则	工作内容	Q/GDW 11339—2023（差异条款描述）项目编码	项目名称	项目特征	计量单位	工程量计算规则	工作内容	定额子目
43	SB04	埋管内敷设	1.电压等级 2.型号、规格 3.电缆封堵 4.固定及材质、间距	m	按设计图示数量，以长度计算	1.材料运输、装卸 2.管路疏通 3.电缆绝缘电阻测量、护层耐压、敷设 4.电缆固定、挂铭牌 5.工器（机）具移运 6.清理现场	B04	*	1.电压等级 2.型号、规格	*	*	*	YL2-13～YL2-16; YL2-29～YL2-32; YL2-48～YL2-52; YL2-55; YX1-12～YX1-16; YX1-33～YX1-38; YX1-81～YX1-96; YX1-131～YX1-142
44	SB05	隧道内敷设	1.电压等级 2.型号、规格 3.电缆封堵 4.固定及材质、间距 5.垫板材质、规格	m	按设计图示数量，以长度计算	1.材料运输、装卸 2.电缆绝缘电阻测量、护层耐压、收设 3.电缆固定、挂铭牌 4.充油电缆供油装置安装 5.工器（机）具移运 6.清理现场	B05	*	1.电压等级 2.型号、规格 3.固定方式、间距及材质 4.垫板材质、规格	*	*	*	YL2-9～YL2-12; YL2-25～YL2-28; YL2-43～YL2-47; YL2-54; YL4-56～YL4-57; YX1-12～YX1-16; YX1-33～YX1-38; YX1-81～YX1-96; YX1-131～YX1-142
45	SB06	盾构隧道内敷设	1.电压等级 2.型号、规格 3.电缆封堵 4.固定方式、间距及材质 5.垫板材质、规格	m	按设计图示数量，以长度计算	1.材料运输、装卸 2.电缆绝缘电阻测量、内电缆穿定 3.电缆敷设电缆固定、挂铭牌 4.充油电缆供油装置安装 5.工器（机）具移运 6.清理现场	*	—	—	—	—	—	—

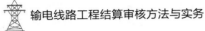 输电线路工程结算审核方法与实务

续表

序号	项目编码	项目名称	项目特征	计量单位	工程量计算规则	工作内容	项目编码	项目名称	项目特征	计量单位	工程量计算规则	工作内容	定额子目
			DL/T 5205—2021（施工图设计深度）				Q/GDW 11339—2023（差异条款描述）						
46	SB07	桥架内敷设	1. 电压等级 2. 型号、规格 3. 电缆封堵	m	按设计图示数量，以长度计算	1. 材料运输、装卸 2. 电缆绝缘电阻耐压测量、护层耐压 3. 电缆固定、挂牌 4. 工器（机）具移运 5. 清理现场	B06	*	1. 电压等级 2. 型号、规格	*	*	*	YL2-13～YL2-16；YL2-29～YL2-32；YL2-48～YL2-52；YL2-55；YX1-12～YX1-16；YX1-33～YX1-38；YX1-81～YX1-96；YX1-131～YX1-142
47	SB08	栈桥内敷设	1. 电压等级 2. 型号、规格	m	按设计图示数量，以长度计算	1. 材料运输、装卸 2. 电缆绝缘电阻耐压测量、护层耐压 3. 电缆固定、挂牌 4. 工器（机）具移运 5. 清理现场	B07	*	*	*	*	*	YL2-13～YL2-16；YL2-29～YL2-32；YL2-48～YL2-52；YL2-55；YX1-12～YX1-16；YX1-33～YX1-38；YX1-81～YX1-96；YX1-131～YX1-142
48	SB09	测温光纤敷设	1. 型号、规格 2. 敷设方式	m	按设计图示数量，以长度计算	1. 材料运输、测量 2. 单盘测量 3. 光纤敷设及固定 4. 光纤接续 5. 光纤测试 6. 工器（机）具移运 7. 清理现场	B08	*	*	*	*	*	YZ13-16；YZ13-51；YZ13-59；YZ13-92；YX1-12～YX1-16；YX1-33～YX1-38；YX1-81～YX1-96；YX1-131～YX1-142

158

续表

注1：电缆敷设的长度以设计材料单的计算长度为依据，包括材料损耗、波形敷设、接头制作和两段预留弯头等附加长度，以"m"为单位计算，计量单位"m"指单芯/单相，三芯电缆为"m/三相"。
注2：直埋电缆敷设的工作内容包括了土方开挖、电缆敷设、布砂、盖保护板、土方回填等工序的全部内容。
注3：揭、盖盖板是指电缆沟道预制盖和盖板的揭和盖，盖板一揭一盖为一次考虑。
注4：测温光纤敷设是指沿隧道或电缆外护套单独敷设的测温光纤

序号	DL/T 5205—2021（施工图设计深度）						Q/GDW 11339—2023（差异条款描述）						
	项目编码	项目名称	项目特征	计量单位	工程量计算规则	工作内容	项目编码	项目名称	项目特征	计量单位	工程量计算规则	工作内容	定额子目
							注1：* 注2：揭、盖盖板是指电缆沟道预制盖板的揭和盖；计量单位"块"，当单揭或单盖盖板时，需在项目特征内说明。 注3：测温光纤敷设是指单独敷设的测温光纤。 注4：随电缆敷设工程安装是指随电缆工程中变电工程中通信线路相关清单项目。 注5：直埋敷设电缆标桩埋设包含在B01清单项目内，不适用陆上电缆输电线路建筑工程J04清单项目						
（三）						电缆附件（SC）							
49	SC01	电缆终端	1.电压等级 2.绝缘类型 3.材质 4.规格	1.套/三相 2.套/二相	按设计图示数量计算	1.材料运输、装卸 2.脚手架 3.绝缘电阻测量，护层耐压、终端制作、组装、接地 4.挂牌、固定 5.防腐 6.工器（机）具移运 7.清理现场	C01	*	1.电压等级 2.绝缘类型 3.规格	1.* 2.套/两极	*	1.* 2.搭拆工作棚 3.绝缘电阻测量，终端制作、接地 4.* 5.* 6.* 7.*	YL3-27～YL3-62; YX1-17; YX1-39～ YX1-40; YX1-97～ YX1-98; YX1-143～ YX1-144
50	SC02	中间接头	1.电压等级 2.绝缘类型 3.材质 4.规格	1.套/三相 2.套/二相	按设计图示数量计算	1.材料运输、装卸 2.脚手架 3.绝缘电阻测量、中间接头制作、组装、接地 4.挂牌、固定 5.防腐 6.工器（机）具移运 7.清理现场	C02	*	1.电压等级 2.绝缘类型 3.规格	1.* 2.套/两极	*	1.* 2.搭拆工作棚 3.中间接头制作、接地 4.* 5.* 6.* 7.*	YL3-1～YL3-26; YX1-17; YX1-39～ YX1-40; YX1-97～ YX1-98; YX1-143～ YX1-144

续表

序号	DL/T 5205—2021（施工图设计深度）						Q/GDW 11339—2023（差异条款描述）						定额子目
	项目编码	项目名称	项目特征	计量单位	工程量计算规则	工作内容	项目编码	项目名称	项目特征	计量单位	工程量计算规则	工作内容	
51	SC03	接地装置	1.接地装置名称 2.材质 3.规格	1.套 2.套/三相	按设计图示数量计算	1.材料运输、装卸 2.接地装置基础浇制 3.安装、接线、接地 4.工器（机）具运 5.清理现场	C03	*	1.接地装置名称 2.规格	*	*	1.* 2.安装、接线、接地 3.接地电阻测定 4.* 5.*	YL4-1~YL4-7; YX1-17; YX1-39~YX1-40; YX1-97~YX1-98; YX1-143~YX1-144
52	SC04	接地电缆敷设	1.电压等级 2.型号、规格	m	按设计图示数量、以长度计算	1.材料运输、装卸 2.电缆绝缘电阻测量 3.电缆固定、挂铭牌 4.工器（机）具运 5.清理现场	C04	接地电缆	*	*	*	*	YL4-8~YL4-13; YX1-12~YX1-16; YX1-33~YX1-38; YX1-81~YX1-96; YX1-131~YX1-142
53	SC05	接地极	1.降阻方式 2.材质 3.规格	根	按设计图示数量计算	1.材料运输、装卸 2.接地极加工制作 3.接地极安装 4.降阻材料安装 5.接地电阻测定 6.工器（机）具运 7.清理现场	C05	*	*	*	*	*	YL4-14~YL4-l6; YX1-17; YX1-22; YX1-39~YX1-40; YX1-45~YX1-46; YX1-97~YX1-98; YX1-107~YX1-108; YX1-143~YX1-144; YX1-153~YX1-154

续表

序号	DL/T 5205—2021（施工图设计深度）						Q/GDW 11339—2023（差异条款描述）						定额子目
	项目编码	项目名称	项目特征	计量单位	工程量计算规则	工作内容	项目编码	项目名称	项目特征	计量单位	工程量计算规则	工作内容	
54	SC06	接地体敷设	1. 材质 2. 规格 3. 降阻方式	m	按设计图示数量，以长度计算	1. 材料运输、装卸 2. 接地体材料加工制作 3. 接地体敷设 4. 降阻材料安装 5. 接地电阻测定 6. 工器（机）具移运 7. 清理现场	C06	接地体	*	*	*	*	YL4-17～YL4-19; YX1-17; YX1-22; YX1-39～YX1-40; YX1-45～YX1-46; YX1-97～YX1-98; YX1-107～YX1-108; YX1-143～YX1-144; YX1-153～YX1-154
55	SC07	避雷器	1. 电压等级 2. 型号、规格 3. 试验项目 H	组（三相）	按设计图示数量计算	1. 材料运输、装卸 2. 本体及连引线安装、电缆信号箱、放电计数器安装 3. 接地、试验 4. 工器（机）具移运 5. 清理现场	C07	*	*	*	*	*	YL4-58～YL4-64; YX1-17; YX1-39～YX1-40; YX1-97～YX1-98; YX1-143～YX1-144
56	SC08	支持绝缘子	1. 电压等级 2. 型号、规格 3. 试验项目	柱	按设计图纸数量计算	1. 材料运输、装卸 2. 本体及连引线安装 3. 接地、试验 4. 工器（机）具移运 5. 清理现场	C08	*	*	*	*	*	YL4-65～YL4-68; YX1-17; YX1-39～YX1-40; YX1-97～YX1-98; YX1-143～YX1-144

注 1: 电缆终端、电缆接头的工作内容不包含六氟化硫气体的收、充气工作。

注 2: 电缆终端、中间接头的工程计量单位选择：交流线路工程计量单位为"套/三相"，直流线路工程计量单位为"套/三相"。

注 3: 接地装置包括直接接地箱、护层保护器、护层保护箱、交叉互联箱安装等。接地装置名称要描述单相或三相，单相时计量单位为"套"，三相时计量单位为"套/三相"

注 1: *
注 2: *
注 3: *

续表

序号	项目编码	项目名称	项目特征	计量单位	工程量计算规则	工作内容	项目编码	项目名称	项目特征	计量单位	工程量计算规则	工作内容	定额子目
			DL/T 5205—2021（施工图设计深度）							Q/GDW 11339—2023（差异条款描述）			
（四）			电缆防火及防护（SD）										
57	SD01	电缆防护	1.部位 2.形式 3.材质及厚度 4.规格	1.m 2.t 3.m² 4.个	按设计图示数量计算	1.材料运输、装卸 2.清扫 3.安装 4.工器（机）具移运 5.清理现场	D01	*	*	1.* 2.* 3.* 4.* 5.m³	*	1.* 2.* 3.安装、充砂、涂刷等 4.* 5.*	YL4-30~YL4-35; YX1-22~YX1-45~; YX1-46; YX1-107~; YX1-108; YX1-153~; YX1-154
58	SD02	电缆保护管	1.名称 2.材质 3.规格 4.管径 5.敷设方式	m	按设计图示数量、以长度计算	1.材料运输、装卸 2.量尺寸 3.保护管安装、固定 4.工器（机）具运移 5.清理现场	D02	*	*	*	*	*	YL4-20~YL4-29; YX1-17; YX1-22; YX1-39~YX1-40; YX1-45~YX1-46; YX1-97~YX1-98; YX1-107~YX1-108; YX1-143~YX1-144; YX1-153~YX1-154

注1：电缆防护包括电缆的防火、防水、防爆等。项目特征中"形式"指防火带、防火涂料、防火槽、防火弹、防火墙、孔洞防火封堵、防火隔板等。
注2：计量单位选择：防火涂料、防火带、防火墙、防火隔板计量单位为"m²"，按设计图示数量以面积计算；孔洞防火封堵以个计算，按设计图示数量计量单位为"个"，按设计图示数量计算；防火弹和接头保护盒为"t"，按设计图示数量以质量计算。
注3：电缆保护管适用于局部电缆过保护管，如电缆过路保护管、引上电缆保护管等。

注1：电缆防护包括电缆的防火、防水、防爆等。项目特征中"形式"指防火带、防火涂料、防火槽、防火弹、防火墙、孔洞防火封堵、防火隔板、防火门。
注2：防火封堵、防火带、防火槽清单工程量计算，其中防火带计量单位为"m"，防火槽计量单位为"m²"，按设计图示数量以长度计算；防火涂料、防火墙、防火弹和接头保护盒以个计算，防火门计量单位为"个"，按设计图示数量计算；孔洞防火封堵计量单位为"t"，按设计图示数量以质量计算；充砂计量单位为"m³"，按设计图示数量以体积计算。
注3：*

| （五） | | | 调试与试验（SE） | | | | | | | | | | |

续表

序号	DL/T 5205—2021（施工图设计深度）						Q/GDW 11339—2023（差异条款描述）						定额子目
	项目编码	项目名称	项目特征	计量单位	工程量计算规则	工作内容	项目编码	项目名称	项目特征	计量单位	工程量计算规则	工作内容	
59	SE01	电缆护层试验	1. 电压等级 2. 试验项目 3. 型号、规格	互联段三相	按设计图示数量计算	1. 试验设备及移运布置 2. 接电及布线、核相 3. 摇测绝缘电阻、交义互联系统试验 4. 护层耐压 5. 试验后复位 6. 工器（机）具移运 7. 清理现场	E01	*	1. 电压等级 2. 试验项目	*	*	*	YL5-1～YL5-3
60	SE02	电缆耐压试验	1. 电压等级 2. 试验项目 3. 型号、规格 4. 单回线路路长度	回路	按设计图示数量计算	1. 试验设备及移运布置 2. 接电及布线、核相 3. 耐压试验 4. 工器（机）具移运 5. 清理现场	E02	*	1. 电压等级 2. 试验项目 3. 单回线路长度	*	*	*	YL5-4～YL5-13
61	SE03	电缆参数试验	1. 电压等级 2. 试验项目 3. 型号、规格	回路	按设计图示数量计算	1. 参数测定（波阻抗试验） 2. 工器（机）具移运 3. 清理现场	E03	*	电压等级	*	*	*	YL5-16～YL5-19
62	SE04	充油电缆绝缘油试验	1. 电压等级 2. 试验项目 3. 型号、规格	1. 瓶 2. 油段三相	按设计图示数量计算	1. 介质损失试验、含气量及油流检查 2. 耐压试验 3. 油色谱分析 4. 工器（机）具移运 5. 清理现场	E04	*	1. 电压等级 2. 试验项目	*	*	*	YL5-20～YL5-22

续表

序号	DL/T 5205—2021（施工图设计深度）						Q/GDW 11339—2023（差异条款描述）						定额子目
	项目编码	项目名称	项目特征	计量单位	工程量计算规则	工作内容	项目编码	项目名称	项目特征	计量单位	工程量计算规则	工作内容	
63	SE05	电缆局部放电试验	1. 电压等级 2. 试验项目 3. 型号、规格	1. 回路 2. 只	按设计图示数量计算	1. 试验设备移运及布置 2. 接电及布线、安装传感器 3. 试验光纤敷设 4. 局部放电试验 5. 工器（机）具移运 6. 清理现场	E05	*	1. 电压等级 2. 试验项目	*	*	*	YL5-14～YL5-15
64	SE06	输电线路试运	1. 电压等级 2. 线路长度 3. 回路数	回路	按设计图示数量计算	1. 受电前检查 2. 线路参数测量 3. 受电时回路定相、核相 4. 电流、电压、测量，保护合环同期回路检查； 5. 冲击合闸实验 6. 试运行 7. 工器（机）具移运 8. 清理现场	E06	*	1. 电压等级 2. 线路长度	*	*	*	YX7-127～YX7-130

注：项目特征中"试验项目"描述，原则上按规程规范要求所做的试验项目，如有特殊要求的应描述清楚

（六）电缆监测（控）系统（SF）

续表

序号	DL/T 5205—2021（施工图设计深度）						Q/GDW 11339—2023（差异条款描述）						定额子目
	项目编码	项目名称	项目特征	计量单位	工程量计算规则	工作内容	项目编码	项目名称	项目特征	计量单位	工程量计算规则	工作内容	
65	SF01	在线监测	1.监测内容、形式 2.型号、规格	1.套 2.台	按设计图示数量计算	1.材料运输、装卸 2.设备安装 3.接线调试、联调 4.工器（机）具移运 5.清理现场	F01	*	*	*	*	*	YL4-36～YL4-40
66	SF02	安保监测	1.监测内容、形式 2.型号、规格 3.画面数	1.套 2.台	按设计图示数量计算	1.材料运输、装卸 2.设备安装 3.接线调试、联调 4.工器（机）具移运 5.清理现场	F02	*	*	*	*	*	YL4-36～YL4-40
（七）	辅助工程（SG）												
67	SG01	电缆三维测量	敷设方式	m	按设计图示数量、以路径长度计算	测量电缆路径、孔位、截面、电站位置、接头位置、电缆铭牌、电杆位置及合同轴影像资料（包含电缆、回流缆、接地电缆、线）	—	—	—	—	—	—	—
（八）	措施项目（SH）												

续表

序号	DL/T 5205—2021（施工图设计深度）						Q/GDW 11339—2023（差异条款描述）						定额子目
	项目编码	项目名称	项目特征	计量单位	工程量计算规则	工作内容	项目编码	项目名称	项目特征	计量单位	工程量计算规则	工作内容	
68	SH01	电缆加热	电压等级、型号、规格	盘	按设计图示数量计算	1. 材料运输、装卸 2. 加热棚、加热设备安装拆除 3. 加热测温 4. 工器（机）具移运 5. 清理现场	H01	*	*	*	*	*	YL4-69～YL4-70
69	SH02	电缆GIS头辅助工作（电缆穿仓）	1. 电压等级 2. 工艺要求 3. 试验	间隔	按技术方案要求计算	1. 抽气 2. 揭、盖仓盖 3. 接电缆 4. 打密封圈 5. 充气 6. 工器（机）具移运 7. 清理现场	H02	*	*	*	*	1. * 2. * 3. * 4. * 5. * 6. * 7. * 8. 试验	—
70	SH03	空调机、去湿机安装与拆除	型号、规格	处	按技术方案要求计算	1. 安装 2. 清扫 3. 调试 4. 工器（机）具移运 5. 清理现场	H03	*	*	*	*	*	YL4-55

续表

序号	DL/T 5205—2021（施工图设计深度）						Q/GDW 11339—2023（差异条款描述）						定额子目
	项目编码	项目名称	项目特征	计量单位	工程量计算规则	工作内容	项目编码	项目名称	项目特征	计量单位	工程量计算规则	工作内容	
71	SH04	特殊工作棚	1. 名称 2. 电压等级	项	按技术方案计算	工作（密封）棚搭拆	H04	*	*	*	*	*	—
72	SH05	临时支架（终端搭平台）搭、拆	1. 支架材质 2. 搭设高度	处	按技术方案计算	1. 支架、脚手板等运输 2. 支架搭设、脚手板敷设 3. 支架、脚手板拆除 4. 工器（机）具移运 5. 清理现场	H05	*	*	*	*	*	YL4-48~YL4-53; YX1-17; YX1-22; YX1-39~YX1-40; YX1-45~YX1-46; YX1-97~YX1-98; YX1-107~YX1-108; YX1-143~YX1-144; YX1-153~YX1-154

注1：*特殊工作棚适用安装电缆头时，对工作环境有除尘、除湿等特殊要求的工作棚以及特殊要求的电缆加热防护棚。

注2：施工道路等措施项目，执行电缆线路建筑工程相关工程量清单项。